위인들에게 배우는
어린이 인성 교육

글 김건구·황현아 | 그림 젤리이모

소담 주니어

위인들에게 배우는
어린이
인성 교육

2022년 5월 23일 초판 1쇄 펴냄

펴낸곳 | ㈜꿈소담이
펴낸이 | 이준하
글 | 김건구·황현아
그림 | 젤리이모
책임미술 | 오민규

주소 | (우)02880 서울특별시 성북구 성북로5길 12 소담빌딩 302호
전화 | 747-8970
팩스 | 747-3238
등록번호 | 제6-473호(2002. 9. 3)

홈페이지 | www.dreamsodam.co.kr
북 카 페 | cafe.naver.com/sodambooks
전자우편 | isodam@dreamsodam.co.kr

ISBN 979-11-91134-17-9 73810

© 김건구·황현아 2022, 젤리이모 2022
- 책 가격은 뒤표지에 있습니다.
- 꿈소담이의 좋은 책들은 어린이와 세상을 잇는 든든한 다리입니다.
- 잘못된 책은 구입하신 곳에서 교환해드립니다.

작가의 말

우리는 매일 다른 사람들과 어울리며 살아갑니다. 학교에서는 친구들과 선생님을, 집에서는 가족들을 마주합니다. 마트에 가도, 음식점에 가도, 학원에 가도 항상 사람들과 마주치지요. 사람은 혼자서 살아가기 어려운 사회적 동물입니다. 그래서 주변 사람과 잘 어울려야 하지요.

그렇다면 사람들과 잘 지내기 위해서는 무엇이 중요할까요?

바로 바른 인성을 갖는 것입니다. 인성은 사람이 가지고 있는 생각, 태도, 행동 특성 등을 어우르는 말입니다. 간단히 말하면, 몸과 마음을 움직이는 습관이라고 생각할 수 있지요.

바른 인성을 갖는다는 것은 배려, 존중, 양보, 끈기 등 다양한 방면에서 다른 사람의 모범이 되는 특성을 갖춘다는 뜻입니다. 이런 사람이 있다면 누구라도 함께 하고 싶어 하겠지요. 반대로 바른 인성을 갖추지 못한 사람은 주변 사람들과 여러 문제를 겪게 될 가능성이 큽니다. 그러므로 나 자신뿐만 아니라 다른 사람을 위해서라도 바른 인성을 갖는 게 중요합니다.

바른 인성을 함양하기 위해서는 어떻게 해야 할까요?

우리가 모르는 지식을 습득하기 위해 공부하듯, 바른 인성을 기르기 위해서는 모범이 되는 사례를 통해 본받는 방법이 있습니다. 주변 사람들의 직접적인 도움을 받을 수도 있겠지만 아무래도 책을 이용하면 더 다양한 사례를 많이 살펴볼 수 있고, 본받을 만한 다양한 요소들을 살펴볼 수 있을 것입니다.

　세상에는 많은 책들이 있습니다. 모두 살펴보면 좋겠지만, 시간이 부족하지요. 그래서 국가가 검증하고 인정한 책인 '교과서'를 먼저 살펴보는 것이 좋습니다. 사실 교과서 자체도 워낙 다양한 내용을 품고 있기 때문에 한눈에 보기가 쉽지 않습니다.

　이런 상황 속에서 선생님은 여러분들을 돕기 위해 초등학교 교과서에 등장하는 위인들을 따로 정리했습니다. 한눈에 보기 쉽도록 말이지요. 그리고 위인들의 흥미로운 일화를 소개하고, 이 이야기를 통해 우리가 본받을 수 있을 대표 인성 요소를 간추렸습니다. 여러분들은 이 책을 읽으면서 바른 인성에는 무엇이 있는지 다양한 사례를 통해 살펴볼 수 있습니다.

　바른 인성은 지식과 달리 머릿속으로 외운다고 해서 가질 수 있는 것이 아닙니다. 책에 있는 위인들의 본받을 만한 행동들을 살펴보았다면, 우리 생활에 가져와 작은 것부터 직접 실천해 보도록 하세요.

　계획보다 실천이 중요합니다. 그리고 이 책은 여러분들이 바른 인성을 가질 수 있도록 돕는 징검다리가 될 겁니다.

자! 이제 교과서 속 위인들의 인성 이야기로 들어가 볼까요?

김건구 · 황현아

차 례

작가의 말	6
장애를 딛고 일어난 **헬렌 켈러** 공감	12
자신의 잘못을 인정하고 뉘우친 **간디** 정직	16
모두를 위해 바른 행동을 했던 **안창호** 솔선	20
담판으로 강동 6주를 얻어 낸 **서희** 갈등 관리	24
효심이 지극한 **정조** 효	29
자주적인 삶을 살았던 **김정호** 자주	33
나라를 위해 헌신한 **유관순** 헌신	37
가난을 긍정의 힘으로 이겨 낸 **방정환** 긍정	42
끊임없이 도전한 **장영실** 도전	46
두려움 속에서도 용기를 낸 **윤희순** 용기	50
백성을 사랑한 **세종대왕** 사랑	54
배려심이 깊은 **신사임당** 배려	59
확신을 갖고 문학의 길을 택한 **윤동주** 확신	63
우리나라 최초의 여성 비행사 **권기옥** 끈기	68
평화를 위해 포로를 풀어 준 **안중근** 평화	72
김유신에게 믿음을 준 **선덕여왕** 믿음	76
적까지 포용한 **왕건** 포용	80

양심에 따라 행동한 **이황** 양심	84
끝까지 고려에 충성한 **정몽주** 강직	88
모든 사람에게 친절을 베풀었던 **테레사 수녀** 친절	92
정의로운 마을을 만든 **정약용** 정의	96
항상 청렴하기 위해 노력했던 **최영** 청렴	100
성실하게 자신의 일을 했던 **허준** 성실	104
자신의 잘못을 스스로 인정하고 반성한 **주시경** 반성	108
인내하며 대한민국의 독립을 위해 노력한 **김구** 인내	112
신라와의 협력으로 침략을 막아 낸 **광개토 대왕** 협력	118
모두가 평등한 사회를 만들기 위해 노력한 **링컨** 평등	122
예절을 몸소 실천한 **공자** 예절	126
자신의 발명에 끝까지 책임감을 가진 **노벨** 책임감	130
겸손했던 과학자 **마이클 패러데이** 겸손	134
공정한 세상을 만들고 싶었던 **마틴 루서 킹** 공정	138
생명 존중을 실천한 **슈바이처** 생명 존중	142
자신감을 갖고 거란을 물리친 **강감찬** 자신감	146
자신의 예술 세계에 자부심을 갖고 활동한 **피카소** 자존감	152
자신이 추구하는 바를 실천으로 옮겼던 **가우디** 실천	157

차례

관용을 베푼 **베토벤** 관용 …… 162

사소한 것도 놓치지 않은 신중한 **플레밍** 신중 …… 166

우애가 빛났던 테오와 **고흐** 우애 …… 170

다양한 방법으로 타인과 소통했던 **연암 박지원** 소통 …… 174

사람들에게 모범이 되었던 **이순신** 모범 …… 178

다른 사람에게 자신의 재산을 나눌 수 있었던 **김만덕** 나눔 …… 182

자신의 감정을 절제한 **앤드류 카네기** 절제 …… 186

의사를 관두고 타자기 개발에 적극적으로 매진했던 **공병우** 적극성 …… 190

꾸준히 그림을 그렸던 **김홍도** 근면 …… 194

리더십이 뛰어났던 **권율** 리더십 …… 198

대한민국 독립에 진정성을 보인 **남자현** 진정성 …… 204

그 어떤 순간에도 희망을 잃지 않았던 **윌마 루돌프** 희망 …… 208

우리 문화유산을 지키고 보살핀 **전형필** 보살핌 …… 212

백성들의 의견을 경청한 **영조** 경청 …… 216

늦은 나이까지 계속 공부했던 **김득신** 지속성 …… 221

【부록】바른 인성을 키우는 독후 활동 …… 226
바른 인성을 키우는 독후 활동【정답과 해설】 …… 237

4학년 2학기 국어 6단원

　헬렌 켈러는 태어난 지 2년도 되지 않았을 때 열병을 앓았습니다. 어찌나 고통스러웠던지 밤낮을 가리지 않고 울었습니다. 어머니는 어쩔 줄 몰라 하며 헬렌을 안고 달랬습니다. 하지만 전혀 소용이 없었지요. 며칠이 지나고 나서야, 겨우 열을 가라앉힐 수 있었습니다. 헬렌은 겉보기에 아무 이상이 없었습니다. 그저 병을 앓은 뒤, 깊은 잠에 빠진 것처럼 보였지요.

　"오! 우리 딸이 무사해서 정말 다행이야!"

　어머니는 헬렌이 무사한 줄 알고 무척 기뻐했습니다. 그런데 바로 다음 날, 어머니는 이상한 낌새를 느꼈습니다. 햇빛이 유리창을 지나 얼굴을 내리쬐고 있는데 헬렌이 아무 반응을 보이지 않는 것이었습니다. 어머니는 당황스러웠어요. 그녀는 헬렌 눈앞에서 손을 흔들어 보았습니다. 하지만 아이는 아무 반응이 없었습니다. 어머니는 헬렌이 열병 때문에 시력을 영영 잃어버렸다는 사실을 깨달았습니다.

　불행은 여기서 끝이 아니었습니다.

　"아가야, 여기 봐!"

　어머니가 애타게 불렀지만, 헬렌은 소리에 전혀 반응하지 않았습니다. 보는 능력뿐만 아니라 듣는 능력도 사라진 것이었지요. 이에 놀란 부모님은 헬렌을 치료하려고 먼 곳까지 돌아다니며 여러 의사들을 만났습니다. 하지만 전부 소용이 없었습니다.

장애가 생긴 헬렌은 어렸을 때부터 어둠과 좌절 속에서 살았습니다. 다른 사람들과 대화도 나누지 못하고, 앞을 볼 수 없으니 슬프고 화가 났어요. 시간이 지날수록 그녀는 제멋대로 행동했으며 난폭해졌습니다. 급기야는 식구들까지 괴롭히기 시작했습니다.

헬렌 켈러의 부모님은 그녀가 여덟 살이 되던 해, 앤 설리번 선생님을 집으로 초청했습니다. 설리번 선생님은 헬렌 켈러가 자신의 얼굴을 손으로 만지면서 사람에 대한 정보를 익힌다는 것을 알았습니다.

"이 아이의 손이 눈 역할을 하는구나!"

이렇게 깨달음을 얻은 설리번 선생님은 헬렌을 본격적으로 가르치기 시작했습니다. 처음에는 별다른 효과가 없었습니다. 헬렌이 새로운 낱말을 배우더라도 그 뜻을 잘 이해하지 못했기 때문이지요.

설리번 선생님은 헬렌에게 어떻게 단어의 뜻을 알려 줄까 고민했습니다. 그러다가 문득 좋은 생각이 떠올랐습니다. 바로 새로운 단어의 뜻을 손으로 직접 느끼게 해 주는 것이었지요. 그녀는 헬렌이 물 펌프 근처에 다가갔을 때 물을 퍼 올려 손에 뿌려 주었습니다. 그리고 손바닥에 '물'이라는 글씨를 썼어요. 그 순간 헬렌은 '물'이라는 단어와 그 의미를 연관 지어 이해할 수 있었습니다.

'물'이라는 단어를 깨우친 헬렌은 더 많은 단어를 배우고 싶었습니다. 설리번 선생님의 도움을 받아 종일 글쓰기 연습을 했지요. 많은 노력을 기울인 끝에, 결국 헬렌은 자신의 생각을 다른 사람에게 글로 전할 수 있게 되었습니다.

헬렌은 단어를 깨우치고 난 뒤, 퍼킨스 시각 장애인 학교에 다녔습니다. 설리번 선생님은 옆에서 꾸준히 그녀를 가르쳤어요. 그 덕분에 헬렌은 말하는 방법을 어느 정도 익히며 장애를 극복해 냈습니다.

그러던 어느 날, 헬렌은 부모님도 안 계시고 자신과 같은 장애가 있는 '토미'라는 아이의 이야기를 접하게 됩니다. 그 아이는 학교에 가고 싶어 했는데 돈이 없어서 못 가고 있었지요.

'정말 불쌍한 아이구나. 나와 같은 장애가 있을 뿐만 아니라 옆에서 도와줄 수 있는 부모님도 안 계시다니…….'

헬렌은 마음이 아팠습니다. 그래서 토미가 학교에 갈 수 있도록 도와 달라는 글을 써서 신문사에 보냈습니다.

> 토미라는 아이는 학교에 다니고 싶어 합니다. 하지만 부모님이 계시지 않아 학교 다닐 돈이 없답니다. 게다가 그는 보지도, 듣지도 못하는 장애가 있어요. 이 아이를 제발 도와주세요.

이 글을 본 사람들은 성금을 보냈습니다. 결국 토미는 헬렌의 모금 활동 덕분에 학교에 다닐 수 있었어요.

헬렌은 어른이 된 뒤, 자신처럼 장애가 있는 사람들을 돕기 위해 사회단체와 병원을 만들었습니다. 그리고 평생을 바쳐 장애인들을 위한 인권 운동을 했습니다.

자세히 알아보자
공감

공감이란 다른 사람의 감정, 의견, 주장 등에 대해 자기도 그렇다고 느끼는 것을 뜻합니다. 헬렌 켈러는 자신과 비슷한 장애가 있는 사람들의 상황을 알고, 그들이 가진 감정에 공감했습니다. 그래서 이들을 적극적으로 도울 수 있었지요.

우리는 학교생활을 하면서 다양한 감정을 가진 친구들을 만납니다. 시험 성적이 잘 나오지 않아 슬퍼하는 친구, 학원을 많이 다녀서 피곤해하는 친구, 상장을 받아서 기뻐하는 친구, 축구 대회에서 우승을 한 친구…….

기쁨을 나누면 배가 되고 슬픔을 나누면 반이 된다는 옛말이 있습니다. 친구가 슬퍼하거나 힘들 때는 위로해 주고, 기뻐할 때는 축하해 주세요. 친구뿐만 아니라 가족, 이웃들에게도 실천해 보세요.

다른 사람의 입장을 헤아려 보고, 같이 느껴 보는 것이 바로 공감입니다. 공감이 잘 이루어지면 상대방과의 사이가 더 좋아집니다. 더 나아가 모든 사람들이 서로 공감을 잘할 수 있다면 세상은 더욱 따뜻해질 것입니다.

자신의 잘못을 인정하고 뉘우친 간디
6학년 2학기 사회 2단원

　간디는 어렸을 때 수줍음이 많았어요. 친구와 어울리기보다는 혼자 책 읽는 것을 더 좋아했지요. 학교 성적은 그다지 좋지 못했지만, 성실해서 모범이 되는 학생이었어요. 간디는 학창 시절, 자신과 반대 성향인 '셰이크 메타브'라는 친구를 동경하고 있었습니다. 메타브는 간디와 다르게 외향적이고, 힘도 셌어요. 운동도 잘해서 인기가 많았지요. 그래서 간디는 방과 후에 메타브와 자주 놀았어요.
　하루는 메타브가 간디를 불렀어요.

"우리 오늘은 사람들이 없는 숲으로 놀러 갈래?"

"좋아! 그런데 거기서 뭐 할 건데?"

"가 보면 알아!"

둘은 인적이 드문 숲으로 들어갔어요. 메타브는 주의를 둘러보며 아무도 없는 것을 확인한 뒤 가방에서 무언가를 꺼냈어요.

"자! 이거 먹어 봐. 엄청 맛있어!"

"그게 뭐야?"

"뭐긴? 염소 고기지!"

간디는 깜짝 놀랐습니다. 원래 인도 사람들은 힌두교를 믿어서 소고기를 먹지 않는데, 간디네 집안은 그런 믿음이 더 강해서 육식 자체를 하지 않았기 때문이었지요.

"우리 이런 거 먹으면 안 되잖아."

"에이, 먹어도 괜찮아. 우리나라를 지배하고 있는 영국인들은 모두 고기를 먹어. 그래서 그들이 키가 크고 힘이 센 거야. 우리는 약해서 그들의 지배를 받는 거고."

당시 인도는 영국에게 지배를 받고 있었지요. 간디가 고민하자 메타브가 다시 꾀었어요.

"우리도 고기를 먹고 힘을 길러야 해. 그래야 나중에 독립할 수 있다고."

"그, 그럼 한 입만 줘 봐."

간디는 결국 메타브가 건네는 고기를 먹었어요. 양심이 찔렸지만 고기는 맛이 있었어요.

간디가 집에 돌아가자 어머니가 반갑게 맞이했어요.

"간디야. 밥 먹으렴!"

간디는 고기를 먹어서 배가 부른 상태였어요. 그래서 거짓말을 했어요.

"저……. 오늘은 배가 아파서 못 먹겠어요."

"어디 많이 아프니? 약이라도 먹어야 하지 않겠니?"

"괜찮아요. 그냥 속이 좀 안 좋아요."

그날 밤, 간디는 염소가 배 속에서 울며 돌아다니는 악몽을 꾸었어요.

고기를 먹은 뒤, 간디는 나쁜 친구들과 어울리며 지냈어요. 부모님 몰래 담배를 피우기도 하고, 집에서 돈을 훔치기도 했어요. 그런데 이렇게 일탈을 하면 할수록 간디는 마음이 괴로웠어요. 양심에 가책을 느꼈지요.

'부모님을 속이고 온갖 나쁜 짓을 하다니. 나는 정말 나쁜 사람이야.'

간디는 자기 자신이 부끄러워졌어요. 결국 그는 죄책감을 견디지 못하고 부모님께 편지를 썼어요.

> 부모님께
>
> 부모님. 안녕하세요. 간디입니다.
>
> 저는 우리 집에서 믿고 있는 힌두교의 율법을 어겼습니다.
>
> 부모님 몰래 고기를 먹고 나쁜 짓을 일삼았습니다.
>
> 저는 무척 괴롭습니다. 용서를 빌고 싶습니다.
>
> 이제 어떻게 하면 좋을까요?

편지를 읽은 부모님이 간디를 찾았어요. 간디는 혼날 줄 알고 엄청 긴장했습니다. 그런데 부모님께서는 뜻밖의 태도를 보이셨어요.

"잘못을 진심으로 뉘우쳤으면 됐다. 앞으로 다시는 나쁜 짓을 하지 말아라."

부모님은 간디를 따뜻하게 안아 주며 용서해 주셨습니다. 간디는 눈물을 흘리며 다시는 나쁜 짓을 하지 않겠다고 다짐했습니다.

간디는 어른이 되어서도 정직하게 살기 위해 노력했습니다. 그리고 비폭력 운동을 하며 인도 독립에 힘을 썼습니다.

자세히 알아보자
정직

정직이란 거짓 없이 바르고 곧은 행동을 뜻합니다.

간디는 처음에 부모님을 속였습니다. 부모님 앞에서는 바른 행동을 했지만, 실제로는 나쁜 행동을 일삼았지요. 그러나 나중에 자신이 저지른 잘못을 뉘우치고 부모님께 거짓 없이 모든 것을 털어놓습니다. 정직한 삶을 살기 위해 변한 것이지요.

여러분들은 선생님께 혼날까 봐, 부모님께 잔소리를 들을까 봐 거짓말을 한 적이 있나요?

사람들은 종종 순간의 위기나 부끄러움 등을 모면하기 위해 거짓말을 할 때가 있습니다. 자신과 타인을 속이는 거짓된 행동과 말은 스스로를 망치고 타인과의 관계도 악화시키지요. 이런 사람이 많아지면 더 이상 아무도 믿을 수 없는 세상이 될 것입니다. 거짓에 숨겨진 진실은 언제나 드러나기 마련입니다. 그러므로 남들과 자신에게 떳떳할 수 있는 정직한 사람이 되어야 합니다.

모두를 위해 바른 행동을 했던 안창호

4학년 2학기 국어 2단원 | 5학년 2학기 사회 2단원 | 6학년 2학기 국어 2단원

안창호가 미국으로 건너갔을 때 일입니다. 길을 걷고 있는데 근처에서 한국말이 들려왔어요.

"어? 영어가 아니라 우리말이 들리다니. 무슨 일이지?"

안창호는 소리가 나는 곳으로 갔어요. 그런데 두 사람이 싸우고 있지 않겠어요?

"야! 이 얌체야! 너 그런 식으로 하는 거 아니야."

"네가 뭔 상관이야? 그럼 너도 나처럼 하든가."

그들 주변에는 벌써 여러 사람들이 웅성웅성 몰려들어서 구경하고 있었어요. 안창호는 두 사람을 붙잡고 싸움을 말렸어요.

"같은 동포끼리 싸우지 마세요. 이 먼 곳까지 와서 왜 싸우는 겁니까?"

그러자 한 사람이 씩씩거리며 말했어요.

"저는 이곳에 사는 중국인들에게 인삼을 팔며 장사를 합니다. 그런데 이 사람이 얼마 전에 나타나서 제가 거래하던 사람을 가로챘어요! 저 사람 때문에 내가 망할 지경입니다."

다른 한 사람이 질세라 외쳤습니다.

"제가 좋은 가격에 인삼을 팔고, 손님들에게 잘해 주니까 다들 저만 찾지요. 억울하면 저 사람도 나처럼 하면 될 것 아닙니까?"

그 말을 들은 안창호는 한숨을 푹 쉬며 말했어요.

"이보세요. 우리는 모두 같은 나라에서 온 동포입니다. 서로 힘을 합치고 살아도 어려울 판에 싸우면 되겠습니까? 주변을 둘러보세요. 다들 우리를 한심하게 쳐다보면서 구경하고 있잖아요. 우리가 이들 앞에서 이런 모습을 보여 주니 안 좋은 인식이 쌓이는 것입니다. 그래서 미국 사람들이 우리나라 사람들을 무시하는 거라고요!"

이 말을 들은 두 상인은 겸연쩍어하면서 머리를 긁적였습니다. 그리고 부끄러운지 서로 눈을 마주치지 않고 각자 다른 곳으로 갔습니다. 싸움을 구경하던 사람들도 흩어졌지요.

안창호는 미국에 있는 친구들을 불러 모았습니다. 그리고 자신이 본 것을 이야기했습니다.

"오늘 동포끼리 서로 싸우는 것을 보았어. 대부분 이곳에서 가난하게 살기 때문에 악착같이 살고 있지. 그런데 이게 도를 지나쳐 서로 헐뜯고 싸우는 정도가 심해지고 있어. 우리가 솔선수범해서 서로를 돕고, 바르게 사는 모습을 보여 주어야 하네. 그러지 않으면 이곳 사람들이 우리를 계속 무시하고 멀리할 걸세."

그날 이후, 안창호는 청소 도구를 챙겨 동포들의 집을 청소했습니다. 겉으로 보이는 문, 마당, 유리창뿐만 아니라 집 안 화장실까지도 깨끗하게 치웠습니다. 정원에 꽃을 심기도 했지요.

"저 사람 미친 거 아니야? 시간이 남나?"

안창호의 모습을 본 사람들은 처음에 의아해했어요. 그러다 한 사람이 그에게 왜 그런 행동을 하는지 물어보았습니다.

"주변을 깔끔하게 만들고, 도와줘서 고맙습니다. 그런데 도대체 왜 이런 행동을 하는 것이오? 당신한테 이득이 되는 것도 없을 텐데……."

"우리 동포들을 위해 하는 일입니다. 제가 솔선수범해서 이런 행동을 한다면 다른 사람들도 서로를 도우려는 마음이 생기겠지요. 우리 모두 이곳에서 협력하고 사이좋게 지내면서 좋은 인식을 만들어 봅시다."

안창호의 뜻을 알게 된 사람들은 감동을 받았습니다.

안창호는 미국에서 공립 협회와 야학을 만들어 교포들을 가르쳤습니다. 그리고 '공립 신보'를 만들어 한국 사람들의 권익 보호를 위해 힘썼지요.

안창호가 이렇게 노력한 덕분에 미국에 사는 교포들은 서로 돕고, 사이좋게 지내게 되었습니다. 또한 미국인들이 한국인에 대해 갖는 인식도 긍정적으로 바뀌었지요.

훗날, 안창호는 일제에 빼앗긴 나라를 되찾기 위해 다시 우리나라로 돌아왔습니다. 그리고 미국에서 교포들을 이끈 경험을 바탕으로 우리나라 사람들에게 민족 사상과 독립 사상을 일깨우는 교육을 했습니다.

자세히 알아보자
솔 선

솔선이란 남보다 앞장선다는 뜻인데 보통 '솔선수범'이라는 표현을 많이 씁니다. 솔선수범이란 남들보다 앞장서서 바른 행동을 하고 규칙을 지키는 일 등을 뜻합니다.

안창호는 누구보다 먼저 남들을 돕고, 주위를 깔끔하게 하여 다른 교포들의 모범이 되었습니다. 그가 솔선한 덕분에 교포들은 서로를 돕게 되었습니다. 그리고 그들에 대한 인식이 좋게 바뀔 수 있었지요.

학교에서도 솔선수범하는 친구들이 있습니다. 누가 시키지도 않았는데 자리 주변에 떨어진 쓰레기를 주워 버리는 학생도 있고, 몸이 불편한 친구를 도와주는 학생도 있지요.

이렇게 앞장서서 바른 행동을 하는 친구는 다른 친구들에게 긍정적인 영향을 줄 수 있습니다. 모범이 되는 학생이 있으면 그 모습을 따르는 친구들이 늘어나지요.

솔선수범은 어렵지 않습니다. 그저 남들보다 한발 앞서서 바른 행동을 하면 됩니다. 여러분도 안창호처럼 솔선하여 모범이 되는 어린이가 되길 바랍니다.

5학년 2학기 사회 1단원

중국에서 당나라가 멸망한 이후, 거란족은 북쪽 지역에서 세력을 키워 나갔습니다. 급기야 그들은 발해를 멸망시키고 말았지요. 고려와 발해 모두 고구려의 후손인데, 발해를 멸망시켰으니 고려가 좋게 볼 리 없었습니다. 거란이 선물로 보낸 낙타를 굶겨 죽일 정도로 고려와 거란의 사이가 나빠졌습니다. 고려는 거란을 견제하기 위해 거란의 옆 나라인 송나라와 사이좋게 지냈습니다. 반면 거란은 송나라와 힘을 겨루며 자주 전쟁을 벌였습니다. 그런데 그들의 입장에서는 고려가 정말 성가셨지요. 혹시라도 송나라에 쳐들어간 사이에 고려가 침입하면 낭패였기 때문입니다. 그래서 거란은 먼저 고려를 침략하기로 했습니다.

933년, 거란의 소손녕 장군은 군사 30만을 이끌고 고려에 쳐들어왔어요. 어마어마한 병력에 놀란 고려의 왕과 신하들은 서둘러 대응 방안을 논의했습니다.

"거란에서 30만이나 되는 대군을 이끌고 이곳으로 오고 있다는데 어찌하는 게 좋겠소?"

왕이 말하자 신하들이 각자 방안을 이야기했어요.

"임금님께서는 개성으로 돌아가시고, 우리 신하들이 거란족을 만나 항복을 해야 합니다."

"그냥 항복하면 받아 주지 않을 테니, 서경 북쪽의 땅을 거란족에게 주어야 합니다."

이때 서희가 말했습니다.

"항복하면 절대 안 됩니다. 일단 싸워 본 뒤에 항복해도 늦지 않습니다. 지금 우리가 스스로 땅을 나눠 준다면 후손에게 부끄러운 일이 될 것입니다."

그러자 다른 신하들이 반발했습니다.

"거란족 병력이 상당히 많은데 전쟁을 했다가 우리가 진다면 피해가 만만치 않을 것이오. 그러면 당신이 책임질 텐가?"

서희는 담담하게 말했습니다.

"제가 사신으로 가서 소손녕 장군과 담판을 지어 보겠습니다. 실패하면 그때 항복하셔도 늦지 않습니다."

고려 왕과 신하들은 그의 말을 따르기로 했습니다. 서희는 사신단을 이끌고 거란이 있는 곳으로 향했습니다. 그를 마주한 소손녕은 처음부터 서희의 기를 꺾기 위해 거만한 자세로 말했습니다.

"고려 사신단은 우리에게 신하의 예를 올리시오."

이 말을 들은 서희는 강력하게 항의했습니다.

"어찌 우리나라가 거란의 신하 나라란 말이오? 동등한 나라인데 이런 식으로 대하다니! 무례하기 짝이 없소. 이런 나라랑은 협상할 수 없소."

서희는 그들과 더 이상 대화를 나누지 않고 곧장 근처 숙소로 돌아갔어요. 소손녕은 서희의 뜻밖의 행동에 당황해했어요.

다음 날, 소손녕은 일단 자신의 뜻을 굽혔습니다. 동등한 위치에서 협상을 하기로 한 것이었지요. 하지만 얼마 지나지 않아 소손녕은 본색을 드러냈습니다.

"당신네 나라는 신라 땅에서 일어났고 고구려의 옛 땅은 우리 거란의 것이오. 어찌 고려가 함부로 우리 땅을 차지하고 있는 것이오?"

그 말을 들은 서희는 논리적으로 반박했습니다.

"우리 고려는 고구려를 계승한 나라요. 그래서 나라 이름을 고려라 한 것이오. 현재 거란의 땅 일부는 고구려의 옛 영토였소. 그런데 왜 우리가 억지로 거란의 땅을 차지하고 있다고 생각하시오?"

서희와 소손녕은 생각이 크게 달랐습니다. 그래서 대화의 진전이 없었지요. 이야기가 원하는 방향으로 흘러가지 않자 조급해진 소손녕이 다른 주제를 꺼냈습니다.

"고려는 거란이 바로 옆에 있는데도 왜 바다 건너 송나라와만 교류하고 있는가?"

이 말을 들은 서희는 소손녕이 무엇을 원하는지 알아차리고 침착하게 대응했어요.

"우리 고려도 당신네 거란과 잘 지내면서 교류하고 싶소. 하지만 우리 사이를 여진족이 막고 있소. 만일 우리가 힘을 합쳐서 여진족을 몰아내고, 고구려의 옛 땅을 되찾기만 한다면 거란과 교류를 할 수 있지 않겠소?"

그 말을 들은 소손녕은 화색이 돌았습니다. 거란의 목적은 자기네 나라가 송나라를 공격하는 사이에, 고려가 쳐들어오지 못하도록 하는 것이었기 때문이지요. 여진족을 몰아내기만 하면 거란과 사이좋게 지내겠다고 하는데, 이런 제안을 거절할 이유가 없었습니다. 소손녕은 서희의 제안을 받아들였습니다.

"좋소. 군대를 물리고 압록강 쪽의 땅을 고려에게 주겠소. 대신 약속대로 우리 거란과 교류를 하고, 송나라와의 관계는 끊으시오."

서희는 그렇게 하겠다고 대답하며, 성공적으로 협상을 마쳤습니다. 고려는 서희 덕분에 큰 전쟁을 치르지 않고도 강동 6주를 얻을 수 있었습니다.

자세히 알아보자
갈등 관리

갈등 관리란 남과 다투는 것을 피하고, 서로 좋은 방향으로 나아가는 것을 뜻합니다.
서희는 고려와 거란 사이의 전쟁을 막았을 뿐만 아니라 땅도 얻어 왔습니다. 어떻게 이런 일이 가능했을까요? 바로 상대가 원하는 것을 꿰뚫어 보고, 이를 협상에 이용했기 때문입니다. 서희는 서로 납득할 만한 대안을 제시하면서 큰 전쟁을 막았습니다. 이것이 바로 우리에게 필요한 갈등 관리 능력이지요.
일상생활에서 친구, 형제자매 등 다른 사람과 다툴 일이 생길 수 있습니다. 이럴 경우에는 자기 주장만 내세울 것이 아니라, 감정을 다스리면서 다른 사람의 입장에서도 생각해 보고 서로에게 좋은 결과를 이끌어 낼 수 있도록 노력해야 합니다.

효심이 지극한 정조

5학년 2학기 사회 2단원

사도 세자는 어렸을 때부터 총명했습니다. 그래서 아버지인 영조로부터 많은 예쁨을 받았습니다. 그런데 영조 주변에는 사도 세자가 왕이 되는 것을 원하지 않는 세력들이 있었습니다. 나중에 사도 세자가 왕이 되면 자신들의 뜻대로 움직일 것 같지 않았기 때문이었습니다. 그래서 그들은 사도 세자를 모함합니다. 심지어 영조의 왕 자리를 탐낸다고 헛소문을 퍼트리기도 했지요. 이 때문에 영조와 사도 세자의 사이는 점점 나빠졌습니다.

영조가 사도 세자를 혼내는 일이 많아졌습니다. 그러자 사도 세자는 아버지인 영조를 만나는 것조차 두려워하게 됩니다. 어릴 때부터 권력을 탐내는 사람들과 기싸움을 해 온 데다가, 아버지로부터 미움을 받으니 사도 세자는 극심한 스트레스를 받습니다. 결국에는 반쯤 미쳐서 기이한 행동을 일삼지요. 권력을 탐낸 신하들은 이를 기회로 여겨, 영조에게 사도 세자의 나

쁜 행동들을 고자질합니다. 결국 영조는 사도 세자를 뒤주에 가둡니다. 이때 채 열 살밖에 되지 않은 정조는 영조를 찾아가 아버지인 사도 세자를 용서해 달라고 빕니다. 하지만 영조는 그 애원을 들어주지 않고, 결국 사도 세자는 뒤주에 갇힌 채 죽게 되지요.

정조 입장에서는 권력을 탐하는 주변 사람들 때문에 할아버지가 아버지를 죽이는 비극이 일어난 셈이었습니다. 정조는 마음에 큰 상처를 받고 슬퍼했습니다. 훗날, 정조가 조선의 왕이 되었을 때 신하들 앞에서 이렇게 외칩니다.

"나는 사도 세자의 아들이다."

사도 세자가 죽은 뒤 죄인 취급을 받았기 때문에, 정조는 그동안 사도 세자의 아들이 아니라 삼촌의 아들로 살아야만 했습니다. 그런데 왕이 되면서 자신이 사도 세자의 아들임을 당당히 밝힌 것이었지요.

훗날 정조는 경기도 양주에 있는 아버지의 묘를 찾아갔습니다. 그런데 주변 상태가 좋지 않았지요.

"아버지께서 이렇게 누추한 곳에 묻혀 계시다니……."

초라한 묘를 보고 충격을 받은 정조는 궁궐로 돌아가는 동안 내내 눈물을 흘렸어요. 그 뒤, 정조는 아버지 사도 세자의 묘를 수원 화성으로 옮겼어요. 그리고 아버지 묘를 왕의 무덤처럼 만든 뒤, '현륭원'이라는 이름을 붙였습니다. 또한 무덤 근처에 있는 낡은 절을 고치고 크게 넓혀서 아버지의 명복을 비는 사찰로 만들었습니다.

정조는 사도 세자 무덤 주변에 자신이 나중에 묻힐 자리도 마련했습니다. 죽고 난 뒤에 부모님과 함께 있고 싶은 마음이 들었기 때문입니다. 그뿐만 아니라 정조는 궁궐 가까운 곳에 아버지를 기리는 '경모궁'이라는 사당을 만든 뒤, 한 달에 한 번 이상 찾아가 명복을 빌었습니다.

나무가 한창 자란 어느 여름날, 정조는 수원 화성에 있는 아버지 묘소에 또 찾아갔습니다. 그런데 무덤 주위를 둘러싸고 있던 소나무의 잎이 죄다 망가져

있는 게 아니겠어요? 정조는 놀라며 신하를 불렀습니다.

"왜 무덤 주변에 있는 소나무들이 저렇게 망가진 것이냐?"

신하도 당황스러워하며 말했어요.

"저도 영문을 잘 모르겠습니다. 무덤을 지키고 있는 묘지기를 불러 보겠습니다."

"그리하라."

왕의 부름을 받은 묘지기가 달려왔어요. 정조는 그에게 물었습니다.

"무덤 주변의 소나무잎이 왜 거의 다 없는 것이냐?"

"황공하옵니다. 전하! 다름이 아니오라 송충이가 생겨서 이 근처의 솔잎을 전부 갉아 먹고 있습니다. 그래서 이런 상태가 되었습니다. 제대로 관리하지 못한 제 불찰이옵니다. 용서해 주시옵소서."

효자인 정조는 송충이 때문에 엉망이 된 아버지의 묘 주변을 보고 가슴이 찢어졌습니다. 하지만 묘지기를 벌하지는 않았습니다.

"송충이가 나타난 것이 어찌 경의 죄란 말이오. 과인의 효가 부족해서 무덤을 잘 보살피지 못했기 때문이오."

이 말을 마친 정조는 소나무 가까이로 다가갔습니다. 그리고 잎을 갉아 먹고 있는 송충이를 맨손으로 잡았어요.

"아버지가 잠드신 곳을 더 이상 갉아 먹지 마라. 차라리 이 불효자식의 창자를 갉아 먹어라."

이 말을 외친 정조는 송충이를 입에 넣고 삼켜 버렸습니다. 그 모습을 본 신하들은 모두 놀라며 눈물을 흘렸지요.

그 일이 있고 난 뒤, 무덤 주변으로 새들이 많이 날아왔습니다. 그 새들은 송충이를 잡아먹었습니다. 송충이가 줄어들자 소나무에 잎이 다시 자라면서, 무덤 주변이 솔잎으로 풍성해졌습니다. 이를 본 백성들이 말했습니다.

"임금님의 효에 하늘도 감동해서 도와주는군!"

자세히 알아보자

효

효란 부모님을 사랑하고 잘 섬기는 것을 뜻합니다.

정조는 아버지의 목숨을 살려 달라고 영조에게 애원했습니다. 아버지가 돌아가신 뒤에는 정성을 들여 묘를 가꾸고 자주 찾아뵈었지요. 정조는 부모님이 살아 계실 때에도, 돌아가신 뒤에도 효를 실천했습니다.

여러분은 혹시 부모님의 사랑을 당연한 것으로 받아들이고, 내게 잘해 주는 편한 사람이라는 이유로 행동을 가볍게 하지 않나요? 그래서는 절대 안 됩니다. 최고의 효도는 부모님께서 살아 계실 때 행하는 것입니다. 효를 실천하는 것은 어렵거나 거창한 일이 아닙니다. 평상시에 부모님 집안일을 옆에서 도와드리거나, 사랑을 표현하는 것만으로도 충분하지요. 마음만 먹으면 언제든지 효를 실천할 수 있답니다.

자주적인 삶을 살았던 김정호

5학년 2학기 사회 2단원

　김정호는 어렸을 때 산에 오르는 것을 좋아했습니다. 높은 곳에 오르면 평지에서 볼 수 없었던 모습을 한눈에 볼 수 있기 때문이었지요. 그는 주변 마을 모습을 둘러보면서 여러 생각을 했습니다.
　'서울로 가려면 어느 길을 따라가야 하지? 저 산 너머에는 어떤 모습이 펼쳐져 있을까?'
　그는 끊임없이 스스로에게 질문했습니다. 이에 대한 대답을 찾기 위해서는 지리와 관련된 책을 공부하는 수밖에 없었지요. 그래서 그는 지역 정보에 대한 내용이 체계적으로 담긴 '지리지'를 많이 읽었습니다.
　김정호는 혼자 지리지를 공부하는 것에서 끝내지 않았어요. 최한기, 신헌 같은 학자들과 친구를 맺고 지리에 대해 끊임없이 논의를 했습니다.
　"이봐. 내가 그동안 지리지를 많이 보았는데 책마다 다른 부분이 몇 가지 있는 것 같아. 이 책을 보면 강원도 끝자락에 산맥이 길게 이어져 있다고 나오는데, 다른 지리지 책을 보면 산맥이 끊긴 것으로 나와 있어. 도대체 어떤 것이 맞는 거지?"
　김정호의 질문에 최한기가 대답했어요.

"그거야, 지도를 보면 될 것이 아닌가?"

"우리가 구할 수 있는 지도에는 이 부분이 자세히 그려져 있지 않아. 직접 가서 확인해 보아야 하나?"

김정호가 고민했어요. 그러자 옆에 있던 신헌이 나섰어요.

"이런 부분이 하나만 있으면 직접 가는 것도 괜찮겠지만, 수백 개도 넘는 부분이 조금씩 다르지 않나? 이것들을 직접 가서 일일이 확인하다가는 죽을 때까지 정확한 지도를 완성하기 힘들걸세. 지방까지 내려가는 데 한 달이 넘게 걸리지 않는가?"

조선 시대에는 교통이 발달하지 않았습니다. 오늘날과 다르게 다른 지역으로 이동하는 데 꽤 많은 시간이 걸렸지요. 그뿐만 아니라 길에서 호랑이나 산적을 만날 위험도 있었습니다. 김정호는 한숨을 푹 쉬었습니다.

"그러면 어떻게 해야 하지? 내가 죽기 전까지는 정확한 지도를 만들어 보고 싶은데……."

"먼저 나라에서 정식으로 만든 지도를 확인해 보는 것이 좋을 것 같네. 전쟁이 났을 때 병사들이 이동할 수 있는 길, 관아와 성이 있는 곳 등 국가를 운영하는 데 필요한 내용이 자세하게 들어 있기 때문이지. 다른 정보보다 훨씬 더 믿을 수 있을걸세."

김정호는 친구 말이 맞다고 생각했습니다.

"좋은 생각이야. 먼저 나라에서 만든 지리지와 지도를 보고, 정말 맞는 정보인지 확인해야겠어. 그 과정을 거치고 나면 나중에 답사해야 하는 지역의 수를 줄일 수 있을 거야. 그러면 완벽한 지도를 빠르게 만들 수 있겠지."

하지만 문제가 있었습니다. 나라에서 만든 지리지와 지도를 보고 싶다고 해서 아무나 볼 수 있는 것은 아니었어요. 오직 관리들만 그런 것을 볼 수 있었습니다. 김정호가 다시 고민하며 말했습니다.

"좋은 의견들을 줘서 고맙네. 하지만 나는 관직에 있지 않아서 그런 정보를 얻기가 어렵네……."

김정호가 한숨을 쉬자 신헌이 웃으며 말했습니다.

"걱정하지 말게. 내가 관직에 있는 동안 자네를 위해 규장각과 비변사에서 가져온 지리책이 많이 있네. 그것들을 넘겨줄 터이니 열심히 만들어 보게."

그 말을 들은 김정호는 뛸 듯이 기뻐했어요.

"정말 고맙네!"

그날 이후 김정호는 더 많은 자료를 이용해 지리 자료를 정리했습니다. 기존에 틀린 정보는 없애고, 맞는 정보로 수정해 나갔지요. 그리고 '청구도'와 '동여도'라는 지도를 만들어 냅니다.

김정호는 여기서 그치지 않았어요. 조선의 지리에 대해 상세한 정보가 적힌 완벽한 지도를 만들기 위해 피나는 노력을 했습니다. 자신이 연구한 지리 내용에 명확하지 않은 부분이 있을 경우, 답사를 가서 직접 확인도 했습니다. 일에 몰두하고 돌아다니느라 살은 쭉 빠졌고, 옷은 금방 해졌지요. 그런 모습을 본 한 사람이 김정호를 비웃었습니다.

"뭣 하러 저 먼 지방까지 갔다 오면서 고생합니까?"

"우리나라의 완벽한 지도를 만들려고요."

"그렇게 고생하면 돈이 나옵니까? 밥이 나옵니까?"

"저는 지도 만드는 것이 즐겁습니다. 제가 원하는 일을 해서 행복하고요. 그리고 제가 만드는 이 지도는 다른 사람들에게도 많은 도움이 될 수 있을 것입니다."

김정호는 다른 사람의 시선에도 아랑곳하지 않고 자신이 좋아하는 일을 했지요. 결국 '대동여지도'라는 조선 최고의 지도를 만들어 냅니다. 이 지도는 모두 펼쳤을 때 건물 3층 높이에 가까운 대형 전도였어요. 지리에 대한 상세한 정보가 담겨 있었습니다. 훗날 이 지도는 많은 사람에게 도움이 되었습니다.

자세히 알아보자

자주

자주란 남들이 뭐라고 해도 아랑곳하지 않고, 자신이 중심이 되어 스스로 판단하고 책임지며 나아가는 것을 뜻합니다. 김정호는 다른 사람이 무모하다고 비웃더라도, 본인이 좋아하는 일인 지리 연구와 지도 만들기를 합니다. 그리고 조선 시대 최고의 지도를 만들어 내지요.

여러분은 혹시 원하는 일이나 좋아하는 일이 있나요? 인생은 스스로 책임을 지고 만들어 나가는 것입니다. 자신이 하려는 것이 본인 또는 다른 사람에게 보탬이 되고, 스스로 좋아서 하는 것이라면 끝까지 해 보세요. 여러분들의 자주적인 삶을 응원합니다.

나라를 위해 헌신한 유관순
4학년 2학기 국어 6단원 | 5학년 1학기 국어 2단원

"민족 지도자들이 3월 1일에 독립 만세 운동을 한대!"

친구가 알려 준 정보에 유관순은 흥분했습니다.

"정말이야? 그러면 우리도 나서자. 일본에게 빼앗긴 우리의 자유를 되찾아야지!"

유관순은 3월 1일만 손꼽아 기다렸어요.

1919년 3월 1일 오후 2시, 민족 지도자들이 탑골 공원에서 독립 선언서를 발표했습니다. 사람들은 모두 독립 만세를 외치며 서울 시내 이곳저곳을 돌아다녔지요. 당시 유관순이 다니고 있던 이화 학당 교장 선생님은 학생들이 다칠 것이 두려워 만세 운동을 못 나가게 말렸습니다. 하지만 나라가 없으면 학교도 의미 없다는 생각을 한 유관순은 3.1 운동에 적극적으로 참여했습니다.

"대한 독립 만세! 대한 독립 만세!"

사태가 심각해지자 일본은 서울의 학교에 휴교령을 내렸습니다. 그러자 유관순은 이 만세 운동을 전파하기 위해 자신의 고향인 천안으로 내려갔습니다. 그곳은 서울과 달리 잠잠한 상태였어요. 유관순은 천안 곳곳을 돌아다니며 3.1 운동에 대해 사람들에게 알렸습니다.

"서울에서는 이미 우리나라 독립을 위한 만세 운동을 하고 있어요. 우리도 이제 나서야 할 때입니다. 다 같이 만세 운동을 해서 나라를 되찾아야 합니다!"

유관순은 다른 사람들과 함께 천안에서 독립 만세 운동을 계획했습니다. 그리고 4월 1일(음력 3월 1일)에 이 계획을 실행에 옮기지요. 유관순은 그 전날 지령산 매봉에 올라가서 봉화 횃불을 올리며 다른 마을에도 신호를 보냈습니다. 유관순은 자신이 직접 만든 태극기를 사람들에게 나누어 주며 독립 만세 운동을 독려했습니다.

"대한 독립 만세! 대한 독립 만세!"

많은 사람들이 태극기를 흔들며 만세를 외쳤어요. 유관순은 사람들 앞에서 연설을 했어요.

"우리는 일본으로부터 독립해야 합니다. 저들은 자유를 빼앗고 우리를 괴롭히고 있습니다! 이런 행동이 불법이라는 것을 전 세계에 알려야 합니다. 태극기를 흔들며 우리의 의지를 보여 줍시다!"

"옳소!"

　사람들은 유관순의 연설에 감동했습니다. 그리고 목이 터져라 '대한 독립 만세'를 외쳤지요. 그때 일본 헌병들이 그들을 발견했습니다. 헌병들은 총과 칼로 사람들을 제압했지요. 이 과정에서 유관순의 아버지와 어머니는 목숨을 잃었습니다. 유관순은 일본 헌병대에 체포당해 끌려갔고 모진 고문을 받았습니다. 그녀는 고통스러웠지만 굴복하지 않았어요.

　그 뒤, 일본인들이 진행한 재판에서 유관순은 3년 형을 선고받은 뒤 서울로 옮겨졌습니다. 그리고 또다시 서울 법정에서 재판이 열렸습니다. 일본 법관은 유관순을 협박했어요.

"유관순! 지금이라도 당장 잘못했다고 비시오. 잘못을 뉘우치고, 다시는 그런 행동을 하지 않겠다고 다짐한다면 형량을 낮춰 줄 수 있소. 나이가 젊은데 감옥에서 꽃다운 나이를 보내기 아깝지 않소?"

유관순은 목소리를 높여 대답했어요.

"지금 이 나라 어디인들 감옥이 아닌 곳이 어디 있겠느냐? 우리나라가 독립하지 않는 이상, 안에 있어도 감옥이고 밖에 있어도 감옥이다. 그리고 나는 조선 사람이다. 조선 사람이 왜 일본인들에게 재판을 받아야 하느냐? 너희들은 나를 재판할 권리가 없다!"

"어허! 지금이 마지막 기회요. 다시는 독립운동을 하지 않고 대일본 제국 신민으로서 살아가겠다고 맹세하시오!"

"나는 너희들에게 굴복하지 않는다! 언젠가 네놈들은 반드시 망하고 천벌을 받을 것이야!"

유관순은 자리에서 일어나 자신이 앉아 있던 의자를 들어 법관에게 집어 던졌습니다. 그러자 주변에 있던 일본 순사들이 우르르 달려들어 유관순을 붙잡았어요.

"대한 독립 만세! 대한 독립 만세!"

유관순은 목청이 터져라 만세를 외쳤습니다. 일본 법관은 부들부들 떨며 말했어요.

"이건 법정 모독이야! 재판정에서 소란을 피웠으니 죄를 덧붙여 징역 7년을 선고한다!"

유관순은 아랑곳하지 않고 계속 '대한 독립 만세'를 외쳤습니다.

유관순은 감옥에서도 끝없이 만세를 외치며 같은 죄목으로 끌려온 조선 사람들을 격려했습니다. 그럴 때마다 간수에게 끌려 나가 모진 고문을 받았지요. 어찌나 심한 고문을 받았던지 그녀는 19세라는 젊은 나이에 세상을 떠났습니다.

어린 나이임에도 나라를 위해 헌신했던 유관순은 독립운동을 하는 다른 사람들의 마음에 큰 불씨를 지폈습니다. 그녀의 이런 희생은 아직도 우리 마음에 길이 남아 있습니다.

자세히 알아보자
헌신

헌신이란 무언가를 위해 몸과 마음을 바쳐 있는 힘을 다한다는 뜻입니다.

유관순은 우리나라의 독립을 위해 헌신했습니다. 독립을 소중하게 생각했기에 모진 고문을 당하고, 세상을 떠날 때까지도 굴복하지 않았지요. 이렇게 우리나라를 위해 헌신한 사람들 덕분에 우리가 자유를 만끽할 수 있는 것입니다.

여러분은 누군가를 위해, 또는 무언가를 위해 헌신한 적이 있나요? 사랑하는 사람이나 자신이 소중히 여기는 가치를 위해 헌신할 수 있다는 것은 대단한 것입니다. 그러므로 마땅히 존중받아야 하지요.

가난을 긍정의 힘으로 이겨 낸 방정환
4학년 2학기 국어 6단원 | 5학년 1학기 국어 2단원

　방정환은 어렸을 때부터 이야기 짓는 일에 관심이 많았습니다. 다른 친구들에게 자신이 지은 이야기를 해 주면 모두가 귀를 쫑긋 세우고 들었지요.

　방정환의 아버지와 할아버지는 시장에서 쌀과 생선을 팔며 사업을 했습니다. 그래서 방정환은 큰 부족함 없이 자랐지요. 그러던 어느 날, 친구가 뛰어오며 정환이를 불렀습니다.

　"정환아, 큰일이야!"

　"무슨 일인데?"

　"글쎄, 너네 집 망했대! 네 할아버지랑 아버지가 운영하던 사업이 쫄딱 망해서 가게 꼴이 말이 아니야!"

　그 말이 끝나기가 무섭게 처음 보는 사람들이 집으로 몰려왔습니다. 그들이 화를 내며 외쳤습니다.

　"어서 우리 돈 내놔! 물건 잔뜩 사 갔으면서 아직 값을 치르지 않았잖아!"

　어느새 그들을 뒤따라온 정환이의 아버지가 사정사정하며 부탁했습니다.

　"죄송합니다. 시간을 조금만 주세요. 저희가 사들인 물건 가격이 폭락해서 지금 모든 것을 다 판다고 해도 그 돈 다 못 갚아요."

"그건 내가 알 바가 아니고. 어서 돈이나 내놔!"

"제발 물건 값이 다시 오를 때까지만 기다려 주세요. 그러면 돈 다 갚을 수 있어요."

"웃기지 마. 물건 값이 언제 오를 줄 알고? 당장 이 집에서 나가. 이 집을 팔아서라도 우리 돈을 받아 내야겠어!"

결국 방정환네 가족은 정든 집에서 쫓겨났습니다. 심지어 집 안에 있는 물건들까지도 팔아야 했지요. 정환이는 갑작스럽게 닥친 일 때문에 눈물을 흘렸습니다. 그러자 아버지가 토닥였어요.

"걱정하지 말아라, 정환아. 오늘 해가 지면 내일 다시 뜰 것이다. 지금은 해가 져서 어두워졌을 뿐이란다. 당장 앞이 캄캄하고 불안하더라도, 잘 버티면 언젠가 빛을 보게 될 거야."

"알겠어요. 더 이상 울지 않을 테니 아버지도 걱정하지 마세요."

방정환네 가족은 마을 변두리에 갔습니다. 그곳에는 거의 쓰러져 가는 집이 있었습니다. 그들은 거기에서 살기로 했어요.

방정환네 가족은 얼마나 가난했는지 당장 먹을 것도 없었습니다. 그래서 고모네 집에 가서 쌀을 구해 오기도 하고, 우물에 있는 물을 이용해 죽을 만들어 배를 채우기도 했습니다. 힘들 때마다 방정환은 아버지의 말씀을 떠올리며 긍정적으로 생각했습니다.

"이렇게 힘든 것은 지금 어두운 밤이기 때문이야. 언젠가는 해가 뜰 거야."

방정환은 학교를 가지 않는 날이면, 열심히 집안일을 도왔습니다. 집안이 무척 가난해서 초등학교를 졸업한 뒤에는 중고등학교에 갈 돈이 없었어요. 그래서 그는 학교에 가지 않으려고 했습니다. 그러던 어느 날 아버지가 방정환을 불렀습니다.

"정환아, 너는 커서 장사를 해야 한다. 그러니 상업 학교에 들어가서 장사에 대해 배워라. 학비는 내가 어떻게든 마련할 테니까."

　　방정환은 장사를 하는 것에 관심이 없었지만, 아버지 말을 거역할 수 없었습니다. 그래서 학교를 다녔지요.

　　하지만 학교에 다닌 지 2년 만에 공부를 그만두어야 했습니다. 방정환의 어머니가 병에 걸려 쓰러지셨기 때문이지요. 더군다나 아버지는 학비를 마련할 돈을 더 이상 벌어 오지 못했습니다. 방정환은 고민 끝에 말했습니다.

　　"아버지, 공부는 나중에 하고 먼저 일을 해서 가족을 돕겠습니다."

　　"그렇게 하거라, 미안하다."

　　방정환의 아버지는 슬픈 표정을 짓고 고개를 푹 숙이셨습니다.

　　"아버지, 슬퍼하지 마세요. 예전에 말씀해 주셨던 것처럼 지금은 어두운 밤이에요. 언젠가는 해가 뜨면서 빛이 우리를 비추겠지요."

　　방정환은 자신이 처한 상황에 좌절하지 않았습니다. 긍정적인 태도로 자신의 길을 꿋꿋하게 나아갔지요. 훗날 방정환은 어렸을 때 고생했던 경험들을 바탕으로, 아이들을 위한 재미있는 동화를 썼습니다. 삶에서 우러나온 경험이 많았기에 더욱 다양한 이야기를 만들어 낼 수 있었습니다.

　　가난하고 힘들었던 시절을 보냈던 방정환. 그에게도 드디어 빛이 서서히 들어옵니다. 독립운동가인 손병희 선생님의 도움을 받아 가정도 꾸리고, 어린이를 위한 여러 활동을 하게 된 것이지요. 집안 사정이 안정적으로 변하자, 이야기 만드는 일을 본격적으로 시작합니다. 자신이 좋아하는 일을 하게 된 것입니다. 나중에 그는 우리나라 최초의 동화집을 출간하며 자신의 꿈을 이룹니다.

훗날 방정환은 자신이 어렸을 적을 떠올리며, 아이들을 존중하자는 의미로 어린이날을 만들었습니다. 덕분에 어린이날이 되면, 닳은 아이들이 어른들로부터 사랑을 받게 되었지요.

자세히 알아보자
긍정

긍정이란 자신이 처한 상황에서 희망적인 부분을 보는 태도와 마음가짐을 뜻합니다.
방정환은 어려운 상황 속에서도 좌절하지 않고, 긍정적인 생각을 했습니다. 그리고 결국에는 자신의 꿈을 이루게 되지요.
여러분도 생활하면서 힘든 일을 겪을 수 있습니다. 대회에서 떨어지거나, 시험 성적이 나쁠 수도 있지요. 이럴 때 자책하면서 쉽게 포기해 버리거나, 온통 부정적인 생각만 한다면 발전하기 힘듭니다. '나는 잘할 수 있어!', '잘될 거야!' 이런 긍정적인 생각과 태도를 가지세요. 사람은 자신이 생각하는 대로 살아갑니다.

끊임없이 도전한 장영실
4학년 2학기 국어 6단원 | 5학년 1학기 국어 2단원

　장영실은 동래현의 관아에서 물건을 만드는 노비였습니다. 물건을 만들고 고치는 능력이 얼마나 뛰어나던지, 태종으로부터 그 능력을 인정받아 궁궐에서 일을 하게 되었지요.

　장영실은 금속을 잘 다루었습니다. 그래서 농기구, 무기 등을 쉽게 수리하거나 만들 수 있었습니다. 성을 짓는 능력도 우수했지요. 장영실은 무언가를 만들다가 실패하면 절대 포기하지 않았습니다. 하루는 동료가 망가진 기계를 수리하다가 한탄을 했어요.

　"에이, 이걸 어떻게 수리하지? 도저히 해결 방법을 찾을 수가 없어."

　"내가 한번 해 볼게."

　장영실도 처음에는 동료처럼 실패했습니다. 하지만 그는 포기하지 않았습니다. 무엇이 잘못되었는지 체계적으로 연구하고 다시 도전했어요. 그리고 마침내 기계를 완벽히 수리했습니다. 이를 본 주변 사람들이 감탄하며 물었습니다.

　"이걸 어떻게 해냈지? 자네 이 기계를 완벽히 수리할 수 있었던 비결이 뭔가?"

　"실패해도 끊임없이 도전했을 뿐입니다. 성공할 때까지 계속 여러 방법을 시

도했지요."

이처럼 장영실에게 포기란 없었습니다. 세종은 왕에 오르기 전부터 이런 장영실의 능력을 눈여겨보았습니다.

그러던 어느 날, 세종이 장영실을 불러 말했습니다.

"너는 비록 노비 신분이지만, 재능은 누구보다도 뛰어나다는 것을 알고 있다. 끝없이 도전하는 네 자세가 아주 마음에 든다."

"성은이 망극하옵니다, 전하!"

장영실은 세종의 칭찬에 부끄러워 미처 고개를 들 수 없었습니다.

"짐은 태양과 달의 움직임을 명확히 알 수 있는 천둔 관측기를 만들고 싶다. 하지만 조선에는 이런 기계를 만들 수 있는 설계도가 제대로 된 것이 없지. 명나라에 있는 천문 관측기를 그대로 들여온다고 해도 조선의 하늘과는 맞지 않아. 만약 네가 조선의 하늘에 딱 맞는 천문 관측기를 만든다면, 농사를 짓는 시기를 명확하게 알 수 있어서 나라에 큰 보탬이 될 터인데……."

세종이 한숨을 쉬자, 장영실이 말했습니다.

"전하! 제가 천문 관측기 만드는 것에 도전해 보겠습니다."

"좋다. 그러면 먼저 명나라에 가서 천문학 관련 공부를 하고 오너라."

장영실은 그길로 유학을 떠났습니다. 그리고 그곳에서 많은 지식을 습득하고 조선으로 돌아왔지요.

장영실은 곧장 천문 관측기인 혼천의를 만들어 냅니다. 기존 것과는 다르게 조선의 하늘과 딱 맞아떨어지는 것이었지요. 또한 '경점기'라는 물시계도 만듭니다.

이에 감탄한 세종은 장영실의 노비 신분을 벗겨 주고, 관직을 내리려 했습니다. 하지만 신하들의 반대가 거셌습니다.

"전하! 장영실은 노비 신분이옵니다. 아무리 뛰어난 능력이 있다고 해도 어찌 벼슬을 내릴 수 있습니까? 만약 관직을 주면 양반들의 반발이 심할 것이옵니다."

세종은 처음에 그들의 말을 듣고 관직 주는 것을 미루었습니다. 당시에는 엄격한 신분 제도 때문에 왕도 신하들의 눈치를 볼 수밖에 없었지요.

장영실은 이에 아랑곳하지 않고, 자신이 할 수 있는 일에 끊임없이 도전합니다. 예전에 만들었던 '경점기'라는 물시계는 수동인 데다가, 시간이 정확하지 않다는 단점이 있었지요. 그래서 장영실은 자동으로도 시간을 알 수 있는 물시계 '자격루'를 만들어 냅니다. 이전 물시계보다 시간도 더 정확히 잴 수 있었습니다.

이에 감동받은 세종은 신하들과 다시 의논하여 장영실에게 벼슬을 내리려 합니다. 하지만 이번에도 몇몇 신하들이 강력하게 반대했습니다. 장영실이 노비였기 때문이지요. 세종은 저번과는 다르게 자신의 뜻을 강력하게 주장했습니다. 그리고 장영실에게 '상의원 별좌'라는 관직을 내렸습니다. 상의원이라는 곳은 궁중에서 임금이 사용하는 물품을 관리하는 기관인데, 장영실은 이곳에서 일할 수 있는 관직을 얻은 것이지요.

  장영실은 관직을 얻은 것에 안주하지 않았습니다. 그는 세종의 뜻을 받들어서 농민들을 위한 기구들을 많이 만들어 냈습니다. 천문 관측기를 더욱 간략하게 만든 '간의', 청계천의 물 높이를 잴 수 있는 '수표', 강수량을 알 수 있는 '측우기', 해로 시간을 알 수 있는 '앙부일구' 등이 모두 장영실 작품입니다.

  장영실의 도전 정신 덕분에 조선의 과학은 크게 발전할 수 있었습니다.

자세히 알아보자
도전

도전이란 미래가 불확실하지만, 자신을 믿고 시도해 보는 것을 뜻합니다.

장영실은 노비라는 신분을 갖고 태어났기 때문에 조선에서 생활하는 데 많은 제약이 있었습니다. 하지만 그는 멈추지 않고, 자신이 맡은 일에 계속 도전했지요. 그 결과 다른 사람들에게 능력을 인정받아 조선 최고의 과학자가 될 수 있었습니다. 만약 장영실에게 도전 정신이 없었다면, 역사에 기록되지 않은 채 그냥 노비로 인생을 끝냈을 것입니다.

여러분에게도 많은 도전 거리가 있을 것입니다. 공부하는 것도, 악기를 배우는 것도, 새로운 곳을 여행하는 것도 모두 도전입니다. 미래를 확실히 알 수 없기 때문에 불안한 마음이 클 수도 있어요. 하지만 값진 결과는 도전하는 사람에게만 주어집니다. 처음부터 도전하지 않고 움츠려서 모든 것을 포기한다면, 아무것도 얻을 수 없습니다.

도전을 겁내지 마세요. 그 결과가 실패로 끝나도 괜찮습니다. 여러분은 실패하는 방법 한 가지를 깨우친 것이니까요. 다음에는 그 방법을 빼고 또 도전하면 됩니다.

6학년 2학기 국어 1단원

　윤희순의 시아버지인 유홍석은 의병을 일으키기 위해 각지를 돌아다녔습니다. 이때 그녀는 여성들도 나라를 위해 행동해야 한다고 생각했습니다. 그래서 마을 여자들을 모아 놓고 의병을 돕자고 독려했습니다. 사람들이 별다른 반응을 보이지 않자 그녀는 〈안사람 의병가〉를 만들어 들려줍니다. 이에 감동을 받은 여자들이 자발적으로 나서서 의병들을 적극적으로 돕기 시작했지요.

　윤희순은 〈왜놈대장 보거라〉, 〈오랑캐들아 경고한다〉 등을 지어내, 일제의 침략을 비판했습니다. 그리고 일제의 명령에 따라 의병들을 탄압하는 관군들을 보며 〈애달픈 노래〉, 〈병정가〉 등을 지어 슬픈 마음을 표현했지요. 그녀가 만든 노래와 글은 널리 퍼지면서 사람들의 마음에 불을 지폈습니다.

　한편, 유홍석이 이끄는 의병은 일본군과 싸움이 잦아졌습니다. 윤희순은 의병을 돕기 위해 자발적으로 훈련을 받았습니다. 또한 사람들이 모금한 돈으로 무기와 탄약을 만들 수 있는 화약 제조장을 만들기도 했습니다.

　이러한 노력에도 불구하고 1910년 8월 29일, 일본이 한일 병합을 선포하면서 우리나라를 집어삼킵니다. 이에 충격을 받은 유홍석은 나라를 위해 목숨을 바치려 하지요. 이때 윤희순의 남편인 유제원이 아버지를 말립니다.

"아버님, 저희가 당장 목숨을 바치는 것보다는 중국 요동으로 떠나서 후일을 도모하는 것이 좋을 것 같습니다. 그곳은 일제의 힘이 미치지 못하는 곳이기 때문에 조선 사람들을 모집해서 독립운동을 이어 나갈 수 있습니다."

윤희순도 옆에서 거들었습니다.

"맞습니다. 아버님, 거기서 독립운동을 이어 나가면서 일제를 몰아내는 것이 가장 좋은 방법입니다."

유홍석은 며느리와 아들의 말에 동의했어요.

"너희들의 뜻이 그러하다면 나도 따르겠다. 나라를 빼앗긴 설움과 치욕을 잊지 말고, 우리나라가 독립할 때까지 끝까지 싸워 보자."

"네, 아버님."

"내가 먼저 제원이와 함께 중국 요동으로 가겠다. 그곳에서 우리가 묵으면서 독립운동할 거처를 마련할 테니, 너는 이곳에 있는 짐을 정리하고 뒤따라오거라."

유홍석과 유제원은 그들이 생활할 기반을 알아보기 위해 먼저 중국으로 갔습니다. 집에 남은 윤희순은 그의 아들과 함께 집에 있는 짐을 정리하고 뒤따라갈 준비를 했지요. 그런데 이튿날 일본군이 찾아왔습니다.

"우리는 유홍석을 체포하러 온 일본군이다. 네 시아버지는 어디 있느냐?"

윤희순은 두려웠습니다. 하지만 나라를 빼앗은 사람들에게 나약한 모습을 보여 줄 수 없었어요. 그래서 용기를 내며 호통을 쳤습니다.

"네놈들은 무슨 자격으로 남의 집을 함부로 침입하느냐?"

윤희순이 순순히 알려 주지 않자, 화가 난 일본군은 그녀와 아들을 붙잡았습니다.

"다시 한번 대답할 기회를 주겠다. 유홍석은 어디 있느냐?"

"그분은 우리나라의 독립을 위해서 투쟁하시는 분이다. 설령 내가 그분께서 가신 곳을 안다고 하더라도 원수인 네놈들에게 어찌 말하겠느냐!"

일본군은 윤희순을 고문했어요.

"어서 유홍석이 어디 갔는지 말해!"

"나는 모른다!"

윤희순은 고통스러웠지만 끝까지 맞섰어요. 그러자 일본군이 치사한 방법을 썼습니다.

"유홍석이 어디 갔는지 말하지 않으면 네 아들도 고문하면서 고통스럽게 죽여 주지."

일본군의 협박에 윤희순은 또 한번 용기를 냈어요.

"나는 모른다. 어린 자식을 죽인다고 내가 독립투사인 아버님과 자식을 바꿀 줄 아느냐?"

일본군은 이렇게까지 협박했는데도 원하는 대답을 듣지 못하자 그냥 그들을 풀어 주었습니다.

윤희순은 그날 이후, 집에 남은 온 가족들을 데리고 중국 요동으로 떠났습니다. 남편과 시아버지를 만난 그녀는 그곳에서 다시 독립운동을 했습니다. 군자금을 모집해서 항일 운동 단체에 전달하기도 하고, 의병을 조직하는 데 힘을 쓰기도 했지요. 윤희순은 여기서 그치지 않고 독립운동가를 기르는 학교인 노학당을 세웠습니다. 그곳에서 항일 애국 노래를 가르치고, 국권 회복 방법에 대해 강의를 했습니다. 노학당에서 공부한 50여 명의 사람들은 윤희순의 가르침을 받고 나중에 독립운동가가 되어 나라를 위해 싸웠습니다.

자세히 알아보자
용기

용기란 두려운 상황을 극복하기 위해 힘을 내는 것을 뜻합니다.

윤희순은 의병 활동을 돕고 독립운동을 하면서 일제로부터 많은 탄압을 받았습니다. 심지어 고문을 당하고 아들의 목숨을 위협받은 일도 있었지요. 그녀도 우리와 같은 사람이기에 속으로는 많은 두려움을 느꼈을 것입니다. 하지만 침착하게 용기를 내서 그런 상황을 벗어났습니다.

우리는 생활하면서 용기를 내야 할 때가 많습니다. 사람은 익숙하지 않은 것들을 마주하거나, 다른 사람들이 하지 않는 일을 할 때면 막연히 두려움을 갖습니다. 이를 극복하기 위해서는 용기가 필요합니다. '별거 아니야.', '내가 충분히 해낼 수 있어.'라고 생각해 보세요.

두려운 일이 생겼을 때 내가 할 수 있는 부분을 파악해 보세요. 그러고 나서 용기를 내어 하나씩 차근차근 해결해 보는 거예요. 처음에는 힘들지도 모르지만, 하다 보면 충분히 해낼 수 있을 것입니다.

백성을 사랑한 세종대왕
4학년 2학기 국어 6단원 | 5학년 1학기 국어 9단원 | 6학년 도덕 4단원

　세종이 왕에 오르던 시기, 조선에서 글을 읽을 수 있는 사람은 많지 않았습니다. 우리 고유의 문자가 없어서 어려운 한자를 빌려 썼기 때문이지요. 그러다 보니 백성들이 법, 계약서 등의 문서를 읽을 수 없어 피해받는 경우가 많았습니다. 세종대왕은 백성들을 사랑했기 때문에 그들이 고통받는 것을 두고 볼 수 없었습니다. 그래서 새로운 글자를 만들기로 결심했습니다.

세종대왕은 언어와 관련된 책을 보며 끊임없이 연구했어요. 그러다 보니 밤 늦게까지 책을 보는 것이 일상다반사였지요. 세종대왕은 소리 나는 대로 글자를 표기하는 방법에 관심이 많았습니다. 뜻과 글자를 일치시키는 것보다는, 소리와 글자를 일치시키는 것이 배울 때 편할 것이라고 판단했기 때문입니다.

지치고 힘이 들 때마다 세종대왕은 백성들을 생각했어요. 오랜 시간 고생한 끝에 드디어 세종대왕은 훈민정음을 만들어 반포했습니다.

그는 훈민정음을 만들게 된 이유를 책에 다음과 같이 썼습니다.

'우리나라 말은 중국과 달라서, 한자와 뜻이 서로 통하지 않는다. 이런 이유 때문에 백성들이 말하고자 하는 것이 있어도 자신의 뜻을 글로 표현하지 못하는 경우가 많았다. 내가 이것을 딱하게 여겨 새로 스물여덟 글자를 만들었다. 이것을 사람들이 쉽게 익혀서 쓸 수 있도록 돕고 싶다.'

세종대왕은 관리들도 훈민정음을 익혀서 쓰도록 지시했습니다. 또한 각종 문서에서도 한자와 훈민정음을 함께 쓰도록 지시했지요.

하지만 며칠 지나지 않아 최만리라는 신하가 훈민정음을 쓰는 것에 반대하는 상소를 올립니다. 그는 크고 센 나라를 섬겨야 한다는 사대주의 생각을 갖고 있었어요. 그리고 훈민정음을 무시하기 위해 언문이라고 불렀습니다.

'우리 조선은 예로부터 큰 나라를 섬겼습니다. 그래서 중국의 제도, 학문, 한자를 받아들여 오랫동안 써 왔습니다. 그런데 이제 와서 새로운 글자를 만드는 것은 이치에 어긋납니다. 언문을 만들었다는 것이 중국에 알려지면 그들이 가만히 있지 않을 것입니다. 자기 나라 문자를 사용하는 곳은 몽고, 여진, 일본 같은 오랑캐들뿐이옵니다. 우리는 오랑캐가 되면 안 됩니다. 또한 우리말을 한자로 적기 쉽도록 이용하던 '이두'가 있는데 굳이 언문을 사용할 필요가 없사옵니다.'

최만리는 당시 가장 힘이 센 중국 땅의 명나라 눈치를 본 것이었지요. 그리고 그들이 만든 문화와 제도를 따라야 한다고 생각하고 있었습니다.

세종대왕은 그 상소문을 보고 크게 화가 났어요. 그는 훈민정음 사용에 반대하는 신하들을 불러 모았습니다. 그리고 최만리의 상소문에 하나하나 반박을 시작했습니다.

"이두는 원래 백성이 편리하게 문자를 쓸 수 있도록 만들어진 것이 아니더냐? 그렇다면 이두보다 더 쉽고 편리한 훈민정음이 있는데, 이것을 사용하는 것에 왜 반대하는 것이냐? 글자를 몰라서 억울하게 벌을 받거나 옥에 갇힌 백성들이 불쌍하지도 않는가?"

그 말을 들은 신하들은 변명을 했습니다.

"전하! 언문을 사용해 쉽게 출세할 수 있게 되면, 아무도 성리학을 공부하지 않으려고 할 것이옵니다. 또한 벌을 받거나 옥에 갇힌 백성은 글자를 몰라서 그런 것이 아니라, 어리석은 행동을 했기 때문에 그런 것이옵니다."

"성리학을 훈민정음으로 표기하면 백성들이 더 쉽게 공부할 수 있을 것이다. 또한 법이 한자로 되어 있어, 어떤 행동이 법을 어기는 것인지 잘 모르는 백성들이 많다. 만약 그들이 글자를 쉽게 알았다면 법을 지금보다 잘 지켰을 것이다."

신하들이 아무 말을 못하고 있자 세종대왕이 이어서 말했습니다.

"너희들이 운서를 아느냐? 사성 칠음에 자모가 몇이나 있느냐? 만일 내가 그 운서를 바로잡지 못하면 누가 바로잡을 것이냐!"

참고로 운서는 한자의 운을 분류하여 일정한 순서로 배열한 것을 뜻합니다. 집현전 학자들은 성리학이라는 일종의 유교 철학 공부는 많이 했지만, 언어학 공부는 많이 하지 못한 상태였어요. 그래서 언어에 대해 많이 연구한 세종대왕 앞에서 아무 반론을 할 수 없었습니다.

세종대왕은 훈민정음 사용을 반대한 신하들을 옥에 가두었다가 다음 날 풀어줬어요. 그리고 백성들을 위해 훈민정음 사용을 장려했습니다.

훗날 조선의 백성들은 세종대왕이 만든 훈민정음 덕분에 쉽게 글을 쓰고, 읽을 줄 알게 되었습니다. 백성들을 사랑한 세종대왕의 노력과 의지 덕분이지요. 오늘날 한글은 세계적으로도 가장 과학적인 문자로 손꼽히고 있습니다.

자세히 알아보자

사랑

사랑이란 어떤 사람이나 존재를 무척 아끼고 소중히 여기는 마음입니다.

세종대왕은 백성들을 사랑했습니다. 그래서 백성들이 문자를 몰라 불편함을 겪고, 고통받는 모습을 그대로 지켜볼 수 없었지요. 세종대왕은 백성들을 위해 많은 시간을 들여 언어를 연구했습니다. 그리고 마침내 훈민정음을 창제했지요. 신하들이 강하게 반대했지만, 오직 백성을 위한다는 생각으로 훈민정음 사용을 추진했습니다. 그 결정 덕분에 오늘날 우리가 문자를 쉽게 익혀 사용할 수 있는 것입니다. 사랑은 다양한 모습을 갖고 있습니다. 상대를 위해 무언가를 만드는 것, 선물하는 것, 배려하는 것, 그리워하는 것, 양보하는 것, 좋아하는 것 등을 모두 포함할 수 있는 것이 사랑입니다. 우리는 부모님뿐만 아니라 선생님, 친구 등 주변의 여러 사람들로부터 사랑을 받습니다. 이렇게 사랑을 받는다는 것은 행복한 일입니다. 누군가가 여러분을 아끼고 소중히 여긴다는 뜻이기 때문이지요.

여러분도 사랑을 받고 그 사랑을 베풀 수 있는 사람이 되면 좋겠습니다.

배려심이 깊은 신사임당
3학년 1학기 사회 2단원, 5학년 2학기 사회 1단원

　신사임당은 어렸을 때부터 그림을 잘 그리고 글도 잘 썼습니다. 그녀는 어른이 되어서도 꾸준히 그림을 그렸습니다. 어찌나 그림을 사실적으로 잘 그리던지 풀벌레 그림을 마당에 내놓자, 닭이 와서 쪼아 먹으려 한 적도 있었지요.
　그러던 어느 날 신사임당은 다른 부인들과 함께 잔칫집에 초대받았습니다. 그녀는 그곳에서 다른 부인들과 이야기를 나누며 즐거운 시간을 보냈습니다.
　마침 식사 시간이 되자, 부인들이 음식을 준비하기 위해 주방을 왔다 갔다 했어요. 상을 차리는 것을 돕기 위해 국을 그릇에 담고, 밥도 준비했습니다. 그때 주방에 있던 한 부인이 소리쳤습니다.
　"앗!"
　그 소리에 놀란 부인들이 몰려들었습니다.
　"무슨 일이에요?"
　"옷에 국물이 튀어서 더럽혀졌어요. 이걸 어쩌지요? 다른 사람한테 빌려 온 옷인데……."
　알고 보니 그녀는 가난해서 다른 사람에게 비단옷을 빌려 입고 온 것이었어요. 그녀의 얼굴에는 근심이 가득해졌습니다.

"얼른 닦으면 되지요."

다른 부인들이 달라붙어서 물을 뿌리고 박박 닦아 보았어요. 하지만 더 얼룩덜룩해지기만 하고, 깨끗해지지는 않았습니다. 가난한 부인은 한숨을 푹 내쉬었습니다.

"이를 어쩌지?"

다른 부인들도 모두 어쩔 수 없다는 듯이 포기했어요. 그 모습을 보고 있던 신사임당이 가난한 부인을 도와주려고 다가왔습니다.

"부인, 그 치마를 잠시 벗어서 제게 맡겨 주실 수 있나요? 제가 이 일을 수습해 보겠습니다."

부인은 신사임당을 선뜻 믿기 힘들었습니다. 하지만 다른 방도가 없었기에 겉치마를 벗어서 건넸지요.

신사임당은 초대받은 집에서 붓과 먹을 빌렸습니다. 그리고 그 치마 위에 그림을 그렸지요. 가난한 부인은 노심초사하면서 그 모습을 바라보았습니다. 도대체 어떻게 문제를 해결할 수 있다는 것인지 짐작이 되지 않았어요.

몇 분이 지나자 얼룩덜룩했던 부분은 탐스러운 포도송이와, 싱그러운 잎사

귀 모습으로 바뀌었습니다. 금방이라도 먹고 싶은 싱싱한 포도 그림이 완성된 것이지요. 이 장면을 본 사람들은 전부 놀랐습니다.

"우아! 진짜 포도 같아요."

"이렇게 예쁜 치마는 처음 봤어요."

몇몇 부인들은 치마를 만져 보기까지 했습니다.

신사임당은 가난한 부인에게 그림을 그린 치마를 건넸어요.

"이제 이 치마를 들고 시장에 가서 파세요. 그러면 새 치마를 살 돈을 구할 수 있을 것입니다."

"정말 감사합니다."

가난한 부인은 그 치마를 들고 시장으로 갔습니다. 그리고 장사하는 사람에게 다가가 물었어요.

"저, 이 비단 치마를 팔려고 하는데 얼마나 받을 수 있을까요?"

"앗! 비단 치마에 이런 아름다운 그림이 있는 것은 처음 봅니다. 금방 비싼 값에 팔릴 것 같으니, 값은 넉넉히 계산해서 드리겠소."

가난한 부인은 치마를 팔고 돈을 많이 받았습니다. 본인이 빌린 비단 치마와 똑같은 것을 사고도 돈이 남았지요. 그녀는 빌렸던 옷과 똑같은 옷을 원래 주인에게 돌려주었습니다. 그러고 난 뒤, 남은 돈을 들고 신사임당을 찾아가서 고맙다고 인사했어요.

"저를 도와주셔서 정말 감사합니다. 덕분에 제가 곤란한 상황에서 벗어날 수 있었습니다. 포도 그림이 담긴 옷을 판 돈으로, 새 옷을 사서 무사히 주인에게 줄 수 있었습니다. 그러고도 돈이 더 남더라고요. 그래서 돌려 드리러 왔습니다."

"괜찮습니다. 저는 돈을 얻고자 그림을 그린 것이 아니라, 난처한 상황에 처해 있는 부인을 배려하고자 한 것뿐입니다."

그녀는 몇 번이고 돈을 건넸지만, 신사임당은 거절했습니다. 가난한 부인은 연신 감사하다고 인사를 한 뒤, 집으로 돌아갔어요.

그 당시 신사임당이 그림을 잘 그린다고 방방곡곡에 소문이 난 상태라서, 그녀의 작품을 돈 주고 사려는 사람이 많았어요. 하지만 신사임당은 단지 예술 활동을 하기 위해 그림을 그렸기 때문에 작품을 판 적이 없었어요. 그랬던 그녀가 다른 사람을 배려하기 위해 자신의 그림을 팔도록 허락한 것이었답니다.

자세히 알아보자
배려

배려란 상대를 도와주거나 보살피려고 마음 쓰는 것을 뜻합니다.

신사임당은 가난한 부인이 딱한 상황에 처해 있는 것을 봅니다. 그냥 지나칠 수도 있었지만, 자신의 시간과 노력을 들여 가며 상대를 도와주었지요. 이렇게 배려를 한 덕분에 상대는 위기를 모면했을 뿐만 아니라 신사임당에게 감사함을 느낍니다.

꼭 남을 적극적으로 도와주는 것만 배려가 아닙니다. 다른 사람에게 피해를 끼치지 않으려고 노력하는 것도 일종의 배려입니다. 도서관에서 시끄럽게 떠들지 않기, 화장실 사용하고 변기 물 내리기, 쓰레기 함부로 버리지 않기, 교실에서 소리 지르지 않기 등 기본적인 행동만 해도 남들을 배려하는 셈입니다. 여러분이 한 기본적인 행동 덕분에 다른 사람이 기분 나쁘지 않고 쾌적하게 시설물을 이용할 수 있기 때문이지요. 이렇게 자신의 행동에 대해 한 번 생각하고 행동하는 것만으로도 배려를 실천할 수 있습니다.

확신을 갖고 문학의 길을 택한 윤동주

6학년 도덕 3단원

윤동주는 어렸을 때부터 문학에 관심이 많았습니다. 평상시에 책과 잡지를 많이 읽었지요. 초등학교에 다닐 때는 친구들과 함께 잡지를 만들기도 했습니다.

그는 중학교에 진학했을 때도 독서를 즐겼습니다. 직접 시를 쓰기도 했지요. 한 번은 자신이 읽고 싶은 백석의 시집을 구할 수 없자, 도서관에서 책을 빌린 뒤 노트에 시를 모조리 적은 적도 있었습니다.

윤동주는 계속 문학 쪽에 뜻을 두었어요. 그는 장래에 자신이 갈 길에 대한 확신이 있었습니다. 그래서 대학교에 갈 때 문과를 가려고 했습니다.

"아버지, 저는 연희 전문학교에 진학할 때 문과로 가겠습니다."

윤동주의 아버지는 다른 생각을 갖고 있었어요.

"문과? 왜 그쪽으로 진학하려고 하지? 의과 대학에 가는 것이 좋지 않겠니?"

"저는 의과 대학에 흥미가 없습니다. 글을 쓰는 것이 좋습니다. 좋은 글로 우리 동포의 마음을 울릴 수 있는 사람이 되고 싶어요."

아버지가 한숨을 쉬며 말했습니다.

"나는 글쓰는 사람치고 풍족하게 잘사는 사람을 못 봤다. 의과 대학에 진학

해서 의사가 되면 안정된 삶을 살 수 있다. 주변 사람들이 우러러볼 뿐만 아니라, 돈도 꽤 벌 수 있어. 이런 혼란한 시기에는 이 아비 말을 듣고 의사가 되거라."

"저는 문학을 하고 싶습니다. 사람들의 마음을 움직이는 것은 글입니다. 의과 대학에 가서 생명을 살리는 것도 좋지만, 저는 글을 널리 퍼뜨려서 우리나라 사람들의 정신과 혼을 살리고 싶습니다."

"지금 상황에서는 그것이 어렵다. 먼저 의사가 되렴. 나중에 일제의 힘이 약해지면 그때 문학을 해도 괜찮다. 지금은 그냥 의과 대학으로 가라!"

"저는 아버지 의견을 존중합니다. 하지만 이번만큼은 제 뜻을 들어주세요. 이렇게 가장 힘든 시기에 쓴 글은 사람들에게 큰 힘이 될 것입니다."

"너 계속 내 말 안 들을래?"

아버지가 호통을 쳤어요. 윤동주는 무릎을 꿇고 빌었습니다.

"아버지, 제게 확신이 있습니다. 이번만큼은 제 의존대로 하게 해 주세요."

"꼴도 보기 싫다. 나가라!"

윤동주는 자신의 마음을 아버지가 몰라주는 것 같아서 속상했어요. 반대로 아버지는 자식을 위해 좋은 방향을 알려 주는데도, 말을 듣지 않으니 화가 났지요.

윤동주가 아버지를 설득하려 했지만 소용이 없었습니다. 결국 그는 밥까지 굶기 시작했지요.

그 모습을 본 윤동주의 어머니는 아버지에게 애원했습니다.

"애고, 저렇게까지 문과에 진학하고 싶은 마음이 큰데 그냥 허락해 줘요. 확신이 있다잖아요."

"안 돼! 그냥 굶으라고 해!"

결국에는 이 부자지간의 싸움을 보다 못한 할아버지가 나섰습니다. 먼저 동주를 불러서 이야기했어요.

"동주야, 네가 문학에 뜻이 있다는 것은 알겠다. 하지만 이렇게 굶으면서까지 부모님께 반항하면 되겠니? 그건 잘못된 행동이야."

"네, 알겠습니다. 죄송합니다, 할아버지. 부모님께 가서 용서를 빌겠습니다. 하지만 의과는 갈 수 없습니다. 저는 문과에 가서 문학을 배우고, 글을 쓰고 싶습니다."

"네 아버지 말대로 의사가 되지 않고, 그 길을 선택했다가는 사는 것이 힘들 수도 있다. 그래도 문학을 배우고 싶으냐? 후회하지 않겠어?"

"네, 그렇습니다. 저는 글을 쓰고 싶은 마음이 정말 간절합니다. 비록 고난의 길을 갈지라도 제가 선택한 길에 후회는 절대 없습니다."

"그러면 되었다. 네 의지를 알겠으니, 한번 네 아비를 설득해 보마."

할아버지는 윤동주의 아버지를 찾아갔습니다. 그리고 오랜 시간에 걸쳐서 설득을 했지요.

결국 아버지는 윤동주가 의과 대학을 포기하고 문과에 진학하는 것을 승낙했습니다. 윤동주는 그토록 바라던 문과에서 열심히 공부했습니다. 그리고 뛰어난 실력을 발휘해 시를 썼어요.

윤동주가 나라 잃은 슬픔과 광복을 기다리는 마음으로 쓴 시는 많은 사람들의 가슴을 울렸습니다. 그리고 후세에 우리나라의 대표 저항 시인으로 남게 되었습니다.

자세히 알아보자
확신

확신이란 무언가를 굳게 믿고, 그것을 따라 일을 밀고 나가는 것을 뜻합니다.

윤동주는 어렸을 때부터 글쓰는 것을 좋아했습니다. 자신이 갈 길이 글쓰는 것이라고 확신했지요. 그렇기에 의과 대학 진학이라는 편한 길이 있어도, 이를 뿌리치고 자신의 의지대로 문과 대학에 간 것입니다. 그 결과 윤동주는 자신의 재능에 꽃을 피우고 우리나라 대표 시인으로 남게 되었지요.

우리의 인생에서 주인공은 자기 자신입니다. 모든 선택에 대한 책임도 본인에게 있지요. 무언가를 결정할 때 남들의 의견을 들어 보고, 참고할 수는 있습니다. 하지만 선택은 오로지 자신의 몫입니다. 깊은 생각이나, 자세한 조사 없이 일을 밀고 나가는 것은 독단입니다. 이럴 경우에는 위험에 빠질 수 있습니다. 반면에 결정을 내릴 사항에 대해 충분히 조사를 하고, 깊은 생각 끝에 내린 결정은 확신이 될 수 있습니다. 여러분은 확신을 갖는 일이 있나요? 스스로 확신을 했다면, 뒤를 돌아보지 말고 앞으로 쭉 나아가 보도록 하세요.

내 인생의 주인공은 바로 나!

우리나라 최초의 여성 비행사 권기옥

5학년 2학기 국어 1단원

　1917년, 미국 출신의 곡예비행사 '아트 스미스'가 한양의 하늘에서 비행기를 몰면서 쇼를 펼쳤습니다. 비행기를 구경한 사람들은 깜짝 놀랐어요. 이들 중에는 권기옥도 있었습니다. 그녀는 비행기가 자유롭게 하늘을 날아다니는 모습을 보고 자신도 날고 싶다는 생각을 했습니다. 그래서 비행사가 되는 것을 꿈꾸게 되었지요.

당시에는 일제가 우리나라를 지배하고 있었습니다. 권기옥은 3.1운동을 할 때 친구들과 함께 거리로 나가서 독립 만세를 외치다가 일본군에 끌려가 감금 당했습니다. 그녀는 독립에 대한 열망이 컸습니다. 그래서 나중에 유치장에서 풀려나온 뒤에도 독립운동을 이어 나갔습니다.

시간이 흐를수록 일제의 감시는 더 심해지고, 독립운동가에 대한 탄압도 거세졌습니다. 별수 없이 독립운동을 이어 나가기 위해서는 일제의 영향력이 약한 중국 상하이로 가야 했지요.

'지금은 비록 우리나라에 있지 못하는 신세이지만, 나중에 폭탄을 실은 비행기를 타고 와서 일본군을 내쫓으리라.'

그녀는 마음속으로 몇 번이고 다짐했습니다.

상하이에 간 권기옥은 임시 정부 일을 도왔습니다. 그녀의 마음속에는 꼭 비행사가 되겠다는 꿈이 있었어요. 비행사가 되기 위해서는 학교를 가야만 했습니다. 그래서 다른 사람의 소개를 받아 미국인 선교사가 운영하는 여자 중학교에 가게 되었어요. 상하이에서 생활하기 위해서는 중국어를 배워야 했고, 학교에서 공부하기 위해서는 영어를 배워야 했습니다. 여러 언어를 배우다 보니 무척 힘들었어요. 하지만 그녀는 끈기 있게 공부에 매달렸습니다.

'지금 힘든 것은 아무것도 아니다. 이 공부를 해야만 내가 원했던 비행사가 될 수 있다.'

그녀는 마음이 약해질 때마다 자신의 꿈을 떠올리며 더 열심히 공부했어요. 그 결과 우수한 성적으로 졸업을 했습니다.

권기옥은 중학교 졸업 후, 비행기 조종을 전문적으로 배울 수 있는 비행 학교에 입학하려고 준비했습니다. 그런데 옛날에는 여자들이 비행기를 운전하는 것이 흔치 않았습니다. 더군다나 여성 조선인이 중국 항공 학교에 가서 비행기 조종 방법을 배운다는 것은 꿈도 못 꿀 일이었지요. 그래서 번번이 입학을 거부당합니다.

권기옥은 마지막으로 윈난 육군 항공 학교에 입학 서류를 낸 뒤, 임시 정부의 도움을 받아 윈난성을 이끄는 당계요를 직접 만나러 갔습니다.

"저는 조선에서 온 권기옥이라고 합니다. 윈난 육군 항공 학교에 입학하고 싶은데 저를 뽑아 주시면 좋겠습니다."

그녀를 본 당계요는 깜짝 놀랐어요.

"여자가 비행기를 조종하는 것은 단 한 번도 본 적이 없는데……. 어떻게 비행 조종을 배울 생각을 하게 되었지?"

"비행사가 되는 것이 제 오랜 꿈이었습니다."

"이곳에서 훈련받는 것이 무척 힘들걸세. 힘이 센 남자들도 지쳐서 쓰러지는 경우가 많아."

당계요가 고개를 저으며 반대하자, 권기옥은 끈질기게 말을 이었습니다.

"저는 조선에서 독립운동을 하면서 힘든 일을 많이 겪었습니다. 그래서 힘든 것은 전혀 문제가 되지 않습니다."

"자네 말고도 비행사가 꿈인 사람이 많아. 내가 특별히 자네를 학교에 추천할 이유가 없네."

"제 꿈은 단순히 비행사가 되는 것만으로 끝나지 않습니다."

"그러면 무엇이 또 있단 말인가?"

"전투기를 끌고 나가서 조선 총독부와 일본 천황궁을 폭파시키고 싶습니다. 우리나라를 독립시키는 것이 제 꿈입니다!"

평상시 조선의 독립운동을 긍정적으로 생각하고 있던 당계요는 그녀의 의지에 감탄했어요.

"나라를 생각하는 당신의 모습이 참 대견스럽소. 당신이 입학할 수 있도록 도우리다."

권기옥은 끈기 있게 도전한 끝에 결국 비행 학교에 입학하여, 비행 조종사가 될 수 있었습니다.

이 소식을 들은 일본 관리들은 한 청년을 매수해서 권기옥을 죽이려 합니다. 하지만 그 사실을 미리 안 다른 독립운동가들이 일제의 작전을 저지했습니다.

권기옥은 비행사라는 꿈을 이룬 뒤, 우리나라의 독립을 위해 일본군과 맞서 싸웠습니다. 그리고 마침내 그토록 바라던 독립을 맞이하게 되었습니다.

자세히 알아보자
끈기

끈기란 쉽게 포기하지 않고 끝까지 나아가는 기운을 뜻합니다.

권기옥은 자신이 처한 상황이 어려운데도 불구하고, 꿈을 쉽게 포기하지 않았습니다. 장애물이 있으면 그것을 극복하기 위해 많은 노력을 했지요. 결국 그녀는 비행사가 되었고, 나중에는 독립도 맞이했습니다.

우리는 꿈을 꾸고 살아가지만, 쉽게 이루어지지 않습니다. 주변에 방해하는 요소들이 있기 때문이지요. 우리가 이런 어려움을 이겨 내야 목표했던 것을 이룰 수 있습니다. 끈기가 없다면 금방 쉽게 포기해 버려 원하는 것을 이루지 못하지요.

우리는 공부할 때, 운동할 때, 청소할 때 등 여러 상황 속에서 힘든 일을 겪을 때가 있습니다. 그럴 때마다 포기하고 싶다는 생각이 들지요. 이럴 경우에는 목표를 작게 분리해서 하나씩 차근차근 해결해 봅시다. 이런 방법으로 끈기 있게 도전하면 어느새 목표에 다다른 자신의 모습을 볼 수 있을 것입니다.

평화를 위해 포로를 풀어 준 안중근
5학년 2학기 사회 2단원 | 5학년 도덕 1단원

안중근은 우리나라에서 독립운동을 많이 했습니다. 그러다가 일제의 탄압으로 상황이 여의치 않자, 러시아 연해주로 갔습니다. 그는 그곳에서도 독립운동을 위해 한인들이 사는 곳을 돌아다니며 연설했습니다.

"위기에 빠진 우리나라를 그냥 바라만 보지 마십시오! 우리 모두 항일 의병 활동을 해야 합니다. 나라가 없으면, 우리도 없습니다."

처음에는 관심이 없던 사람들이 안중근의 진심 어린 외침에 점차 귀를 기울이기 시작했어요.

"비록 몸은 나라를 떠나 왔어도 우리는 조선 사람입니다! 의병이 되어 우리나라를 침략한 일본을 몰아냅시다!"

안중근은 나라를 돕기 위한 '동의회'라는 모임을 만들고 사람들을 모았습니다. 그런 모습을 보고 많은 사람들이 그들을 돕기 위해 성금을 냈지요.

사람들의 큰 성원에 힘입어, 한인 300명으로 구성된 대한 의군 의병대를 창설할 수 있었습니다. 안중근은 여기서 참모 중장을 맡게 되었지요. 그들은 사람들이 기부한 돈으로 무기를 샀습니다. 그리고 일본군을 몰아내기 위한 훈련을 받았습니다.

드디어 결전의 날, 안중근은 의병대와 함께 두만강을 건너 조선의 땅으로 들어갔습니다. 그리고 함북 홍의동에 있던 일본군을 습격했어요.

"적들을 공격하라! 우리 땅에서 침략자들을 몰아내자!"

"우아!"

의병대는 전투 경험이 많지 않았지만, 치밀한 작전을 준비한 까닭에 승리를 거둘 수 있었습니다. 반면 일본군은 의병대가 올 것이라고 전혀 생각도 못하고 있었기 때문에 패배할 수밖에 없었습니다.

사기가 높아진 의병대는 이번엔 경흥으로 가서 일본군과 싸웠어요. 이곳에서도 값진 승리를 거두었습니다.

"우아! 우리가 일본군을 이겼다."

"이대로 더 진격합시다!"

사람들은 모두 뛸 듯이 기뻐했어요. 그때 의병대가 일본군 10여 명을 줄에 묶은 채 안중근 앞으로 데리고 왔습니다.

"포로들을 잡아 왔습니다!"

"고생하셨습니다."

"이제 이 일본군들을 어떻게 할까요? 처형할까요?"

일본군 포로들은 의병 대원들의 표정을 보고, 상황이 나쁘다는 것을 눈치챘습니다. 그래서 머리를 숙이며 살려 달라고 빌었어요.

"죄송합니다! 살려 주세요!"

이 모습을 본 안중근이 대원들에게 말했습니다.

"국제법에 따르면 포로를 죽이면 안 됩니다. 포로수용소에 넣어야 합니다."

"하지만 우리는 제대로 된 군대가 아니라서 포로수용소가 없지 않습니까?"

"포로수용소가 없으면 포로를 석방해야 하오."

그러자 다른 대원들이 불만을 표현했어요.

"말도 안 됩니다! 저들은 여태까지 우리나라 사람들을 함부로 죽였습니다. 지금 풀어 주면 나중에 우리에게 복수할 것입니다. 그 전에 먼저 해치워야 합니다."

"국제법에 따르면 전투 중이 아닐 경우, 무기도 없는 적군의 포로를 죽이면 안 됩니다. 그리고 훗날 전쟁이 끝나면 포로가 속한 나라로 돌려보내야 합니다."

"국제법이 뭐 그렇게 대단한 것입니까? 이 법을 지키지 않는 국가들도 많을 것입니다. 따라서 우리도 국제법을 지킬 필요가 없습니다."

"저도 일본군이 싫습니다. 하지만 평화를 위해서는 어쩔 수 없습니다. 우리가 이번 기회에 국제법을 성실히 지키는 모습을 다른 나라에 보여 준다면, 오히려 국제법을 잘 지키지 않는 일본의 악행을 더 널리 알릴 수 있을 것입니다. 우리는 평화를 사랑하지만, 독립을 위해 싸운다는 것을 전 세계에 알릴 기회입니다."

몇몇 대원들은 그의 결정에 항의를 하고 떠나 버렸어요. 안중근은 그의 뜻대로 일본군 포로들을 풀어 주었습니다.

훗날 안중근은 평화를 깬 이토 히로부미를 처단하고, 옥에 갇힙니다. 그는 그곳에서 '동양평화론'에 관해 글을 썼습니다. 안중근은 그 글에서 한국, 중국, 일본이 서로 주권을 존중하고 평화롭게 지내야 한다고 주장했습니다. 그리고 한 걸음 더 나아가 세계 평화를 위해 노력해야 한다고 했지요.

그는 평화를 사랑한 독립운동가였습니다.

자세히 알아보자
평화

평화란 전쟁 같은 갈등이나 싸움 없이 평온한 상태를 뜻합니다. 또는 편안하고 화목한 상태를 뜻하지요.

일제 강점기 때 일본은 평화에 관심이 없었습니다. 다른 나라를 정복하고 착취하며 자신들의 나라를 부강하게 만드는 데 집중했지요. 그렇기 때문에 안중근 의사를 비롯한 많은 독립운동가들이 일제와 맞서 싸운 것입니다. 안중근 의사는 일본이 우리나라의 국권을 박탈했기 때문에 평화가 깨졌다고 생각했어요. 그래서 진정한 평화를 위해서는 한국, 중국, 일본이 서로를 침략하지 않고 힘을 모아야 한다고 주장했어요. 안중근 의사가 평상시 평화에 대해 많은 생각을 하고, 독립을 간절히 원했기 때문에 일본군 포로들을 살려 주는 대범한 면모를 보인 것입니다.

평화를 지키기 위해서는 먼저 갈등이 일어날 수 있는 문제에 대해 알아보아야 합니다. 그리고 그 문제와 관련된 상대방을 만나 서로의 생각과 입장을 확인하고, 모두 만족할 만한 대안을 제시해야 합니다. 이때 한쪽 입장만 일방적으로 내세우면 안 되고, 서로 조금씩 양보하며 좋은 방향을 찾아야 하지요. 폭력, 강압 등은 문제를 더 크게 키우기만 할 뿐입니다. 우리는 평화를 지키도록 노력해야 합니다.

김유신에게 믿음을 준 선덕 여왕

5학년 2학기 사회 1단원

"폐하, 고구려 낭비성을 공격한 우리 신라 부대가 패배했다고 합니다."

"정말이더냐? 그 성을 함락하지 못한다면 우리는 앞으로 고구려와 백제의 침공을 막아 내기 힘들 것이다."

전투 소식을 들은 진평왕과 덕만 공주는 한숨을 푹 내쉬었습니다. 당시에는 고구려, 백제, 신라가 힘을 겨루며 다투고 있던 때였어요. 신라는 고구려의 전략적 요충지인 낭비성을 함락시키려고 했습니다. 그런데 첫 전투에서 패배한

것이었지요. 신라군은 사기가 많이 떨어졌습니다. 또 공격을 감행했다가는 더 큰 패배를 당할 것 같은 분위기였습니다.

"힘들겠지만 어떻게 해서든 그 성을 차지하도록 하라."

진평왕은 낭비성에서 고구려군을 몰아내고 싶었습니다.

한편, 전쟁터에 나간 신라군의 사기가 떨어지자, 이를 보다 못한 김유신이 나섰습니다.

"옷깃을 펼쳐야 옷이 반듯해지고, 벼리를 들어야 그물이 펴진다고 합니다. 제가 이번 전투에서 옷깃과 벼리 같은 역할을 하겠습니다."

그는 이 말을 마친 뒤 혼자 칼을 들고 적진으로 갔어요. 총 세 번 들어갔다 왔는데, 한 번 들어갔다 나올 때마다 적군의 깃발을 빼앗아 오거나 적장을 무찌르고 왔습니다. 그 모습을 본 신라군은 사기가 높아졌습니다.

"우리도 김유신처럼 해낼 수 있어! 적군을 무찌르자!"

신라군이 고함을 치면서 낭비성으로 진격했습니다. 그 기세에 고구려군은 힘을 쓰지 못하고 성을 함락당했지요.

이 전쟁에서 승리한 직후, 진평왕은 김유신을 불러 크게 칭찬했습니다. 그때 덕만 공주는 그의 활약을 눈여겨보았습니다.

훗날 덕만 공주는 왕위를 물려받아 선덕 여왕이 되었어요. 선덕 여왕은 나라를 잘 이끌어 나갈 인재가 필요했어요. 그녀는 자신이 그동안 신경 써서 보았던 김유신에게 주요 관직을 주려고 했습니다. 그러자 다른 부하가 말렸습니다.

"여왕님, 저자의 증조할아버지는 금관가야의 마지막 왕이었던 '구충'입니다. 그는 신라에 항복한 왕이지요. 신라 출신이 아니기 때문에 다른 부하들이 김유신을 잘 따르지 않고 무시할 것입니다. 그러므로 그를 가까이하지 않는 것이 좋습니다."

신라가 가야를 받아들이기는 했지만, 왕족과 귀족들은 은근히 가야 출신 사람들을 무시하고 있었어요. 그래서 가야 사람들은 출신의 한계 때문에 높은 관직에 오르지 못했습니다. 김유신의 아버지 또한 그런 차별을 받고 있었지요.

선덕 여왕은 이런 분위기에 휩쓸리지 않고, 김유신을 중요한 자리에 앉히려고 했습니다. 그녀는 김유신을 따로 불렀어요.

"그대가 예전에 낭비성에서 용맹을 떨친 김유신이오?"

"그러하옵니다."

"정말 고맙소. 당신 덕분에 우리가 승리를 거둘 수 있었소."

"제 할 일을 했을 뿐이옵니다."

"나는 이제 그대를 더 중요한 관직에 앉히고 싶소. 앞으로 신라를 위해 자네와 내가 함께해야 할 일이 많거든."

김유신은 깜짝 놀랐습니다. 그도 자신이 출생의 한계를 갖고 있다는 것을 알고 있었기 때문이지요.

"저도 있는 힘껏 도와 드리고 싶사옵니다. 하지만 제가 가야 출신이라……."

"자네는 지금 신라의 장군이지 않은가?"

"그렇습니다."

"그렇다면 그대가 어디 출신인지는 전혀 중요하지 않소. 오직 신라의 앞날을 위해 힘을 써 주기만 하면 되오. 나는 예전부터 당신의 능력을 믿고 있었소. 그러니 나를 도와주시오."

　김유신은 감동을 받았어요.

"여왕님께서 제게 주신 믿음을 꼭 보답하겠나이다."

　그 뒤 김유신은 전쟁에서 많은 승리를 거두었습니다. 선덕 여왕의 믿음에 보답을 한 것이지요. 그는 더 나아가 신라가 삼국을 통일하는 데 큰 공을 세웠습니다.

자세히 알아보자

믿음

믿음이란 어떤 사실이나 사람을 믿는 것을 뜻합니다.

선덕 여왕은 김유신의 출신에 상관없이 그를 믿었습니다. 낭비성 전투에서 용맹함과 뛰어난 능력을 발휘했기 때문이지요. 그녀는 끝까지 그 믿음을 보여 주었고 김유신은 자신을 믿어 준 사람을 위해 최선을 다했습니다. 그 결과 삼국 통일이라는 값진 결과를 낼 수 있었지요.

우리 사회는 서로에 대한 믿음을 바탕으로 이루어져 있습니다. 친구와의 믿음, 형제자매와의 믿음, 선생님과의 믿음 등 인간관계에 있어서 믿음은 아주 중요한 요소 중 하나입니다. 물론 무작정 타인을 믿어서는 안 됩니다. 근거 없이 믿다가는 곤란한 상황에 처할 수 있기 때문이지요.

우리가 서로를 지지해 주고 믿어 준다면 신뢰가 가득한 사회를 만들 수 있을 것입니다. 그러기 위해서는 여러분이 다른 사람에게 믿음을 줄 수 있는 사람이 되도록 노력해야 합니다.

적까지 포용한 왕건
5학년 2학기 사회 1단원

　견훤이 이끄는 후백제 군대가 신라에 쳐들어갔습니다. 이에 놀란 신라의 경애왕이 고려의 왕건에게 도와 달라고 요청했습니다. 그래서 왕건이 군대를 이끌고 신라의 수도 경주로 향했지요. 하지만 고려군이 도착할 즈음, 경주는 이미 후백제군이 점령한 상태였습니다.

　한발 늦은 것을 깨달은 왕건은 견훤을 공격하기 위해, 후백제군이 돌아갈 길목에 군사들을 매복시켰습니다. 하지만 이 공산 전투에서 고려군은 후백제군에게 크게 패배했습니다. 심지어 포위까지 당했지요. 견훤은 기세등등해졌습니다.

"왕건을 잡아 오는 자에게 내가 큰 선물을 줄 것이니라. 어서 저 별것도 아닌 고려군을 무찌르고 왕건을 잡아 오라!"

후백제군의 사기는 하늘을 찌를 듯했습니다. 반면에 왕건의 고려군은 기운이 하나도 없었습니다. 도저히 살아 나갈 방법이 없어 보였어요. 그때 왕건의 충신인 신숭겸이 말했습니다.

"폐하, 이 전투에서 저희 모두 살아 나가기는 힘들 것으로 보입니다. 제게 작전이 있는데 들어주실 수 있겠습니까?"

"무엇인가?"

"죄송하지만 제가 감히 폐하의 옷을 입어도 되겠습니까? 그러면 후백제군의 시선을 끌 수 있을 테고, 그사이에 폐하께서는 몸을 피하시면 됩니다."

"내가 살기 위해 어찌 장군의 목숨을 내놓고 도망간단 말이오? 그런 부끄러운 짓은 할 수 없소."

"폐하께서 잡히시면 고려는 끝이옵니다. 부디 제 간청을 들어주시옵소서. 이건 부끄러운 것이 아니라, 훗날을 위한 일시적인 후퇴이옵니다. 다 고려를 위해서 하는 일이니 부디 제 말을 들어주시옵소서!"

왕건은 반대했지만, 주변 신하들과 신숭겸의 강력한 주장에 따를 수밖에 없었습니다. 상황이 그만큼 급박해졌기 때문이지요.

"저기 왕건이 있다! 어서 잡자!"

후백제군이 왕건의 옷을 입은 신숭겸을 보고 달려들었습니다. 왕건이 몸을 피하는 사이 신숭겸을 비롯한 많은 장군들이 전사했습니다. 왕건은 그 전투로 자신이 소중히 여기던 부하들을 많이 잃었어요. 그는 슬퍼했습니다. 그날 이후, 고려군과 후백제군은 수많은 곳에서 전투를 치렀지요. 세력을 확장하기 위해 한치의 양보도 없이 싸웠습니다.

견훤에게는 아들이 열 명 있었습니다. 그는 왕위를 누구에게 물려줄지 고민을 했지요. 보통은 첫째 아들에게 왕권을 물려주는 것이 당시의 관습이었습니다. 하지만 견훤은 맏아들인 신검이 아니라, 넷째인 금강을 자신의 후계자로 세우려고 했습니다. 첫째보다는 넷째 아들이 더 용맹하고, 지혜로웠기 때문이지요. 이 사실을 알게 된 첫째 아들 신검은 화가 났습니다.

"내가 첫째인데, 왜 금강에게 왕위를 물려주려고 하시는지 아버님의 뜻을 전혀 모르겠다! 내가 직접 군사를 일으켜 아버지의 자리를 대신할 것이다!"

신검은 병사들과 반란을 일으켰습니다. 갑작스럽게 벌어진 일이라서 견훤은 신검에게 반항도 못하고 잡혔지요.

"신검 네 이놈! 감히 이 아비에게 칼을 들이밀고 반란을 일으켜?"

"아버지께서는 연로하시어 이제 판단력이 흐려지셨습니다. 백성들은 제가 왕이 되기를 원하고 있습니다. 금강 그놈이 왕이 되는 것은 말도 안 되는 일입니다! 죄송하지만 아버님은 금산사에서 좀 쉬셔야 할 것 같습니다!"

신검은 견훤을 금산사라는 절에 가두었습니다. 그리고 밖으로 나가지 못하도록 했지요. 이어서 그는 사람을 보내 금강을 제거했습니다.

견훤은 왕 자리도 뺏기고 자신이 사랑하던 넷째 아들도 잃었습니다. 그는 무척 화가 났어요. 신검에 대해 복수의 칼날을 갈았습니다. 견훤은 기회를 엿보다가 금산사를 탈출했습니다. 그리고 자신과 경쟁 관계였던 고려의 왕건에게 항복하러 갔어요.

왕건은 옛날에 자신의 부하들을 죽였던 경쟁 상대 견훤과 마주했습니다. 사람들은 왕건이 견훤을 처벌할 것이라고 생각했지만, 그는 그렇게 하지 않았어요.

"과거에 우리 사이에 있었던 일은 굉장히 슬프지만 묻어 두겠소. 지금부터는 미래를 위해 우리 함께 힘을 합칩시다. 고려에 잘 오셨소."

견훤은 그의 포용력에 감탄했습니다.

"감사합니다. 이제부터는 고려의 통일을 위해 제가 있는 힘을 다해 도와 드리겠습니다. 신검을 무찌르러 갈 때 제가 앞장서지요."

왕건은 견훤의 도움을 받아 후백제를 정복하여 통일을 이뤄 냈습니다.

자세히 알아보자
포용

포용이란 남을 너그럽게 감싸 주거나 받아들이는 것을 뜻합니다.

왕건은 포용력이 뛰어났습니다. 그는 지방의 호족들을 포용해서 나라를 잘 이끌었지요. 그의 포용력은 견훤과의 일화에서도 잘 드러납니다. 왕건은 거의 원수나 다름없었던 견훤이 항복하러 오자, 순순히 자신의 편으로 받아들였습니다. 그리고 과거에 있었던 안 좋은 일을 덮어 둡니다. 그 덕분에 왕건은 견훤의 도움을 받아 더욱 쉽게 후백제를 정복하고 통일을 이룩해 낼 수 있었지요.

학교에서 생활하다 보면 친구가 우리에게 피해를 끼칠 때가 있습니다. 예를 들어 학용품을 빌려줬는데 망가트릴 수도 있고, 뒤를 보지 않고 문을 확 닫다가 우리의 손가락을 다치게 만들 수도 있지요. 이럴 때 보통 화를 내는 것이 일반적이지만, 마음을 넓게 먹고 친구의 잘못을 포용할 수도 있어야 합니다. 만약 우리가 친구의 잘못을 너그럽게 감싸 준다면, 그 친구는 진심으로 잘못을 뉘우치며 우리에게 고마운 마음을 가질 가능성이 큽니다. 포용은 사람의 마음을 움직일 수 있을 정도로 강력하기 때문이지요.

양심에 따라 행동한 이황
5학년 도덕 2단원

이황이 젊었을 때 일입니다. 그는 서울에 갈 일이 생겼어요. 이황이 머물고 있던 경상도 안동에서 서울까지 가는 길은 많이 멀었습니다. 그래서 그를 도와줄 수 있는 하인 한 명과 함께 길을 떠났습니다.

한참을 걷다 보니 점심 식사 시간이 되었어요.

"나으리, 이 근처에는 마을이 보이지 않습니다. 한참을 더 걸어야 주막이 나올 것 같은데, 그때가 되면 이미 식사 시간이 한참 지난 뒤입니다. 어떻게 하시렵니까?"

"너도 배가 고프지 않느냐? 마을이 있는 곳까지는 오래 걸릴 테니, 먼저 점심 식사를 하자꾸나."

"네, 나으리. 제가 바로 식사를 준비하겠습니다. 잠깐 저 그늘진 곳에서 쉬시지요."

"고맙네!"

하인은 물가에 간 뒤, 보자기에서 쌀을 꺼냈습니다. 그리고 밥을 짓기 위해 쌀을 씻고 있는데 건너편에 콩밭이 보였어요.

"어? 콩밭이네. 그냥 밥만 먹는 것보다, 콩을 넣어서 밥을 하면 더 맛있을 거야."

하인은 콩을 따 온 뒤 밥을 지었습니다.

식사 시간이 되어 이황과 하인이 밥을 먹으려 했어요. 그런데 이황이 밥을 먹지 않고, 숟가락을 내려놓는 것이 아니겠어요? 당황한 하인이 물었어요.

"왜 그러십니까 나으리? 혹시 밥에 벌레라도 들어갔습니까?"

"그건 아니다."

"그러면 무슨 일 때문에 진지를 안 드시는 겁니까?"

하인이 궁금한 표정을 지었어요. 이황은 골똘히 생각하며 물었어요.

"궁금한 게 있다. 우리는 쌀만 챙겨 왔는데 어떻게 콩밥을 만들었느냐?"

그 말을 듣자 하인이 배시시 웃으면서 말했습니다.

"아! 저기 콩밭에서 콩 좀 몇 개 따 왔습니다!"

"주인한테 허락을 받은 것이냐?"

"그렇지 않습니다. 근처에 마을도 없는데 어떻게 주인을 찾아 허락받을 수 있겠습니까?"

"주인 허락 없이 가져왔다면 도둑질이 아니더냐!"

"겨우 한 움큼도 안 되는 만큼의 콩을 따 간다고 해서 크게 문제가 될 것 같지 않습니다. 아마 주인은 누가 따 갔는지도 모를걸요?"

이황은 하인의 대답을 듣고 더 화를 냈습니다.

"어허! 어찌 그렇게 양심 없이 행동할 수 있느냐? 나는 훔친 콩으로 지은 밥을 먹을 수 없다!"

"죄송합니다. 제 생각이 짧았습니다, 나으리. 다시는 이러지 않겠습니다."

결국 이황과 하인은 밥을 굶은 채 길을 나섰습니다. 그들이 한참을 더 걸은 후에야 마을에 다다를 수 있었지요. 이황은 그곳에 도착하자마자 마을 사람들에게 물어보았습니다.

"저 먼 곳에 콩밭이 있던데 그 콩밭 주인이 어디에 삽니까?"

"바로 앞에 보이는 집입니다. 저곳에 가 보시지요."

이황은 하인과 함께 마을 사람들이 알려 준 집에 가서 문을 두드렸어요.

"계십니까?"

"누구시오?"

콩밭 주인이 의아한 표정을 지으며 나왔습니다. 이황은 고개를 숙이며 말했습니다.

"저는 서울에 가던 사람입니다. 아까 점심 식사 시간에 밥을 지어 먹을 때, 제 하인이 콩밭에 있는 콩을 한 움큼 훔치고 말았습니다. 그래서 죄송하다는 말씀을 드리려고 왔습니다. 이것 받으시지요."

이황은 콩값을 건넸어요. 그것을 받은 주인이 당황해했습니다.

"아니 뭐 별것도 아닌데 이렇게까지 할 필요가……."

하지만 이황은 아랑곳하지 않고 다시 한번 사과를 했습니다.

"정말 죄송합니다."

옆에 있는 하인도 그를 따라 사과를 했지요.

이황은 이렇게 양심적이고 청렴한 사람이었습니다. 그래서 주변 사람들의 존경을 받았지요. 그는 관직 생활을 할 때에도 남의 것을 탐하지 않고, 양심을 지켰습니다.

자세히 알아보자
양심

양심이란 스스로에게 부끄럽지 않은 행동을 하도록 판단하는 마음입니다.
이황은 양심을 지키기 위해 다른 사람의 콩 한 움큼도 가볍게 여기지 않았어요. 그래서 관직에 나아가서 바른 행동들을 할 수 있었고, 다른 사람들이 존경하게 된 것입니다.
우리가 '이 정도 쓰레기를 길에 몰래 버리는 것은 괜찮아.', '아무도 없는데 신호 어겨도 괜찮을 거야.'라고 스스로를 달래며 나쁜 행동을 정당화하는 것은 양심에 어긋나는 행동입니다.
'바늘 도둑이 소도둑 된다.'라는 속담이 있듯이, 우리가 양심에 거스르는 행동을 자주 한다면 나중에 무덤덤해지며 더 나쁜 행동을 할 수도 있습니다. 그러므로 별것 아닌 것 같아 보이더라도, 양심을 지키려고 노력해야 합니다. 여러분이 지킨 양심 하나하나가 모여서 아름다운 사회를 만드니까요.

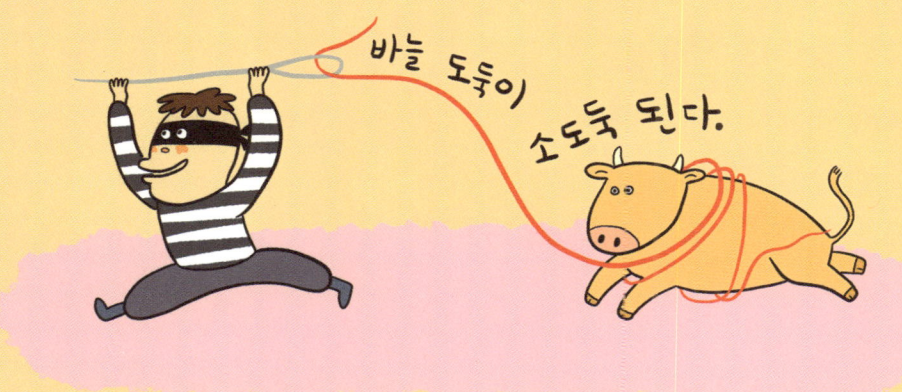

바늘 도둑이 소도둑 된다.

끝까지 고려에 충성한 정몽주

3학년 1학기 사회 2단원 | 5학년 2학기 사회 1단원

고려 말에는 나라가 혼란스러웠습니다. 북쪽에서는 홍건적이, 남쪽에서는 왜구가 쳐들어와 백성들을 괴롭혔어요. 왕이 왜구와의 문제를 해결하기 위해 사신을 보냈지만, 그들은 사신을 가두고 돌려보내지 않았습니다. 시간이 갈수록 왜구의 횡포는 커져만 갔지요. 백성들은 고통받았습니다.

왕이 어떻게 문제를 해결할지 고민하고 있을 때, 정몽주를 싫어하던 한 신하가 말했습니다.

"폐하, 정몽주를 사신으로 보내시옵소서."

그 신하는 정몽주가 왜구에게 죽기를 바랐지요. 왕은 별다른 의심 없이 그 말을 따르기로 했습니다. 그러자 정몽주와 친했던 사람들이 정몽주에게 가서 이 사실을 알렸습니다.

"왜구가 있는 곳에 가면 무조건 죽습니다. 그러니 어떤 이유를 대서라도 피하세요. 일단 살아야지요."

하지만 정몽주는 그러지 않았습니다. 오히려 강직한 태도로 말했지요.

"왜구로 인해 백성들이 죽고 있는데 제 목숨 하나 구하자고 피하면 되겠습니까? 제가 가서 잘 해결해 보도록 하겠습니다."

정몽주는 왜구를 만나 협상을 시도했습니다. 그는 왜구에게서 앞으로 침략하지 않겠다는 약속을 받아 왔을 뿐만 아니라, 그동안 잡혀간 7백여 명의 백성도 다시 고려로 데리고 올 수 있었지요. 백성들과 왕은 정몽주의 능력에 감탄했습니다. 그런데 1년 뒤, 왜구는 정몽주와의 약속을 깨고 다시 쳐들어왔습니다. 그러자 왕이 이번에는 이성계와 정몽주에게 왜구를 쫓아내라고 명을 내렸습니다. 그들은 왜구를 무찌르며 백성을 보호했습니다. 그러다 보니 이성계가 백성들로부터 인기가 많아지기 시작했지요.

그 뒤, 명나라가 고려에게 땅을 요구하자 왕은 이성계에게 명나라로 쳐들어가라고 명령했습니다. 하지만 이성계는 싸움에서 질 것이라 생각했기 때문에 위화도에서 군사를 돌려 고려 궁궐로 쳐들어갔어요. 그는 왕을 끌어내리고, 아홉 살밖에 되지 않은 허수아비 왕을 내세워 권력을 잡았습니다. 이성계는 백성들로부터 인기가 많았기 때문에 자신이 왕이 될 수 있다는 생각을 했어요. 그는 고려를 멸망시키고 새로운 나라를 세우고 싶었습니다.

정몽주는 나라를 새롭게 개혁해야 한다는 것에 동의하긴 했지만, 고려를 멸망시키려는 이성계의 행동은 옳지 못하다고 생각했어요.

"고려를 지키면서도 충분히 좋은 방향으로 바꾸어 나갈 수 있는데, 어떻게 스스로 왕이 되어 새로운 나라를 세우려 한단 말인가? 우리는 고려 사람이 아니던가?"

그의 생각은 확고했습니다. 그래서 이성계를 돕겠다는 생각이 전혀 없었어요. 이를 안 이성계도 정몽주를 경계했습니다.

어느 날, 이성계가 사냥하다가 말에서 떨어져 위독한 상태가 되었습니다. 정몽주는 그 기회를 놓치지 않고 이성계를 몰아내서 고려를 지키려고 했어요. 그는 주변의 신하들이 이성계 무리를 내쫓도록 종용했습니다.

이 소식을 들은 이성계의 아들 이방원은 급히 아버지를 불렀습니다.

"아버님! 정몽주가 저희를 몰아내려 하고 있습니다. 어서 저와 돌아가셔서

정몽주가 힘을 쓰지 못하도록 막아야 합니다."

"알겠다. 어서 가자꾸나."

이성계는 아픈 몸을 이끌고 자신의 집으로 돌아왔습니다. 정몽주는 그의 몸 상태를 살펴보기 위해 병문안을 핑계로 방문했지요. 그리고 이성계에게 볼일을 다 본 정몽주가 돌아가려고 한 순간, 이방원이 그를 붙잡았습니다.

"돌아가시기 전에 잠깐 시간을 내 주시겠습니까? 먹을 것 좀 먹으면서 이야기 좀 하지요."

"좋소."

이방원은 이런저런 이야기를 하다가 시를 읊으며 본색을 드러냈습니다.

"이런들 어떠하며, 저런들 어떠하리. 만수산 드렁칡이 얽혀진들 어떠하리. 우리도 이같이 얽혀서 백 년까지 누리세."

이 시는 고려에 얽매이지 말고, 새로운 나라를 세워 같이 잘살아 보자는 의미를 담고 있었어요. 이 의미를 눈치챈 정몽주는 단심가를 읊었습니다.

"이 몸이 죽고 죽어 일백 번 고쳐 죽어, 백골이 진토 되어 넋이라도 있고 없고 임 향한 일편단심이야 가실 줄이 있으랴."

이 시는 정몽주가 고려에 충성을 다하겠다는 마음이 담겨 있었습니다. 이방원은 정몽주를 설득하는 데 실패했다는 것을 깨닫습니다. 그래서 정몽주가 나가자마자 자객을 불렀어요.

"방금 나간 정몽주를 꼭 제거하라! 그래야 고려를 쓰러트리고 새로운 나라를 세울 수 있다."

결국 정몽주는 선죽교에서 자객을 만나 죽고 말았습니다. 그는 자신의 뜻을 굽히지 않고 고려를 향한 마음을 꼿꼿하게 드러낸 충신이었지요. 후대 사람들은 그의 강직한 모습을 아직도 잊지 않고 있습니다.

자세히 알아보자
강직

강직이란 마음이 꼿꼿하고 곧은 것을 뜻합니다.
정몽주는 고려를 위해 강직하게 행동했습니다. 본인이 옳다고 판단한 것에 대하여 뜻을 굽히지 않았어요. 그 결과 후세 사람들이 정몽주를 충신으로 떠올리게 된 것입니다.
우리는 강직한 태도를 가져야 합니다. 그러지 않으면 친구나 주변 분위기에 휩쓸려 옳지 못한 행동을 저지를 수 있어요. 환경에 휩쓸리지 않고 본인만의 길을 가기 위해서는 마음이 꼿꼿하고 확고해야 합니다.

대나무처럼 꼿꼿하게!

모든 사람에게 친절을 베풀었던 테레사 수녀

5학년 1학기 사회 2단원

　테레사 수녀는 젊었을 때 인도로 간 뒤, 몸이 아프고 가난한 사람들을 돕기 시작했습니다. 그녀는 부모에게 버려진 아이들을 돌봤습니다. 또한 아무것도 배우지 못한 아이들을 직접 가르치기도 했지요. 그녀는 자신의 능력과 시간을 활용해 불쌍한 사람들을 친절하게 도왔습니다. 처음에 인도 사람들은 테레사 수녀가 자신들과 다른 종교를 퍼뜨리기 위해 온 것이라고 생각했어요. 그래서 그녀에게 못되게 굴며 내쫓으려 했습니다. 하지만 테레사 수녀는 오히려 그들에게 친절을 베풀고, 소외된 사람들을 계속 도왔습니다. 그 모습을 본 인도 사람들은 그녀의 진심을 알고 오해를 풀었습니다.

　1964년 교황 바오로 6세가 인도에 왔어요. 그는 테레사가 있는 곳으로 찾아갔습니다.

　"이곳에서 수녀님들이 많이 고생하신다고 들었습니다. 많은 사람들을 구해 주셔서 고맙습니다."

　"저희가 마땅히 할 일입니다."

　수녀들은 교황의 칭찬에 웃으며 대답했습니다. 교황은 테레사 수녀를 불러서 말했어요.

"제가 인도를 방문할 때 타고 다니던 승용차가 있습니다. 저보다는 수녀님께서 이 자동차를 더 유용하게 쓰실 수 있을 것 같습니다. 어려운 이웃을 위해 봉사하러 다닐 때 이 차를 타고 다니세요. 그러면 더욱 더 빠르고 편하게 이동할 수 있을 거예요."

"괜찮습니다, 교황님. 마음만 받겠습니다."

"제 성의입니다. 수녀님께서 이 차를 어떤 용도로 쓰셔도 상관없습니다. 그러니 꼭 받아 주세요."

"네, 알겠습니다. 뜻이 그러하시다면, 받겠습니다. 교황님의 배려에 정말 감사드립니다."

결국 테레사 수녀는 차를 받았습니다. 그녀는 이 차를 어떻게 이용할지 생각했어요. 그러다 기발한 아이디어가 떠올랐습니다. 테레사는 주변 수녀들에게 말했습니다.

"이 10만 루피짜리 자동차를 경품으로 내겁시다. 그리고 100루피를 기부하는 사람에게 복권 한 장을 주는 거예요. 복권에 당첨된 사람이 이 자동차를 가져가도록 하는 것이지요. 그러면 그냥 차를 팔았을 때보다 돈을 더 많이 받을 수 있어요. 이 돈으로 병에 걸린 가난한 사람을 도웁시다!"

"우아! 정말 좋은 생각인데요?"

그들은 테레사 의견을 따랐습니다. 사람들은 고급 자동차를 경품으로 타기 위해 많은 복권을 샀어요. 그 덕분에 돈이 많이 모였습니다. 테레사 수녀는 이 돈을 병들고 가난한 사람을 위해 모두 썼습니다.

어느 날, 테레사 수녀가 고아들을 돕기 위해 모금함을 들고 맥줏집에 들어갔습니다. 그리고 술을 마시고 있는 사람들에게 부탁했습니다.

"고아들이 돈이 없어 굶고 있습니다. 여러분들이 성금으로 조금만 베풀어 주시면, 많은 아이들의 생명을 살릴 수 있습니다."

그 말을 들은 한 남자가 화를 냈습니다.

"아니! 왜 여기까지 와서 모금 활동을 하고 그래?"

그는 테레사에게 맥주를 확 부었습니다. 주변 사람들은 재미있는 구경거리가 생겼다는 표정으로 그들을 바라보았지요. 하지만 테레사 수녀는 화를 내기는커녕 온화한 미소를 지으며 친절하게 말했습니다.

"저를 위해 시원한 맥주를 나누어 주셨군요. 저는 괜찮으니, 이제 배고프고 불쌍한 고아들을 도와주실 수 있으신가요?"

그 순간 주변이 숙연해졌어요. 한 아가씨가 테레사에게 다가가 모금함에 돈을 넣었습니다. 그러자 주변 사람들도 모두 성금을 냈습니다. 심지어 그녀에게 맥주를 끼얹었던 사람도 미안한 표정을 지으며 동참했습니다.

"고맙습니다. 여러분께서 주신 이 소중한 돈은 고아들을 보살피는 데 전부 쓸 것입니다."

테레사 수녀는 모금 활동을 통해 가난하고, 불쌍한 사람들을 항상 도와주었습니다. 또한 자신의 능력을 이용해 몸이 아픈 사람들을 치료했어요. 이렇게 친절한 그녀의 모습이 전 세계에 점차 알려지기 시작했어요. 그러자 대통령, 왕, 국회 의원, 기업가 등 유명한 사람들이 그녀에게 기부를 했습니다. 심지어 돈이 없는 사람들까지 직접 수녀를 찾아와 노동을 하면서 돕겠다고 했습니다.

1979년 테레사 수녀는 그동안의 공을 인정받아 노벨 평화상을 받았습니다. 그때 그녀는 상금을 받으면서 이렇게 말했어요.

"이 돈으로 빵을 몇 개 살 수 있을까요?"

그녀는 상금마저도 자신을 위해서가 아니라 다른 사람들을 위해 쓸 생각이었던 것입니다. 테레사는 노벨 평화상 상금 19만 2천 달러를 단 한 푼도 쓰지 않고, 나환자를 돕는 건물을 짓는 데 썼습니다.

테레사는 언제나 소외받는 사람들을 친절하게 도와준 천사였습니다.

자세히 알아보자
친절

친절이란 다른 사람에 대한 관심과 배려를 정겹게 표현하는 것을 뜻합니다.

마더 테레사는 인도에서 고아, 가난하고 병든 사람, 불치병에 걸린 사람 등 소외된 사람들을 친절하게 대하며 성심껏 도와주었습니다. 그녀가 평생 의료 봉사를 하고, 모금 활동을 한 덕분에 많은 사람들이 목숨을 건질 수 있었지요.

여러분의 친절한 말 한마디나 행동은 다른 사람에게 큰 힘이 될 수 있습니다. 다른 사람에게 긍정적인 영향력을 끼칠 수 있도록 친절하게 대하는 습관을 길러 보세요. 친절은 또 다른 친절을 낳습니다.

정의로운 마을을 만든 정약용

4학년 2학기 국어 6단원 | 4학년 도덕 1단원

    1797년 정약용이 왕의 명을 받아 곡산 도호부사로 부임하기 위해 곡산으로 가던 중이었습니다. 그가 관청에 들어가기도 전에 곡산에서 심각한 사건이 벌어졌어요. 정약용이 곡산에 부임하기 전, 그곳을 다스리던 원님이 백성들로부터 세금을 많이 걷는 일이 있었습니다. 원래는 2백 냥만 걷어 가야 하는데 9백 냥을 걷어 간 것이었지요. 이에 대해 불만을 가진 백성들이 항의를 하러 관아를 찾았습니다. 당시 곡산에 사는 사람이 2천 명 정도였는데 무려 1천여 명이나 몰려들었습니다. 이 무리를 대표하는 이계심이라는 사람이 앞으로 나서 원님에게 호소했어요.

"원님! 원래 2백 냥만 걷어야 하는 세금을 9백 냥이나 걷어 가면 저희는 어떻게 살란 말씀이십니까? 당장 먹을 것을 사 먹을 돈도 없사옵니다."

하지만 원님은 그들의 고충을 듣지 않고 오히려 호통을 쳤습니다.

"이놈들! 여기가 어디라고 단체로 몰려들어 행패를 부리는 거냐! 당장 나가지 못할까!"

"저희들은 행패를 부리는 것이 아닙니다! 세금을 원래 내야 하는 만큼보다 더 내지 않았습니까? 이미 낸 것을 돌려주시든지, 아니면 앞으로 낼 세금을 감면해 주시기 바랍니다."

"당장 나가지 않으면 법에 따라 너희들을 전부 처벌할 것이다!"

"세금을 더 걷어 가서 백성을 괴롭히라는 법은 있습니까? 부디 저희의 입장을 헤아려 주시옵소서. 이 문제를 해결해 주지 않으면 나가지 않을 것입니다."

이계심이 말하자 주변에 있던 백성들이 동의하며 고개를 끄덕였어요.

"옳소! 옳소!"

백성들이 계속 항의를 하자, 원님은 관아에서 일하는 관리들과 노비들을 불렀습니다. 그리고 호통을 쳤지요.

"당장 이계심 저놈을 잡아서 곤장을 쳐라!"

원님의 말을 따르는 관리와 노비들이 몽둥이를 들고 이계심에게 다가갔습니다. 그러자 백성들이 그를 둘러싸며 보호해 주었어요.

"안 되옵니다. 어찌 죄도 없는 사람을 때리려고 하는 것입니까?"

원님은 화가 끝까지 났습니다. 그래서 고함을 쳤어요.

"명령이다. 이계심뿐만 아니라 관아에 있는 사람들 모두 매우 쳐라!"

관리들과 노비들이 몽둥이를 들고 사람들을 때리기 시작했습니다. 그러자 관아에 모였던 사람들이 뿔뿔이 흩어졌어요. 이때 이계심도 그들 틈에 섞여 도망갔습니다. 원님은 이계심이 난을 일으켜 관아를 부수고, 행패를 부렸다고 왕에게 거짓 보고를 올렸습니다. 그러자 조정에서는 이계심을 잡으라는 명령을 내렸습니다.

이런 사건이 벌어지던 차에, 정약용이 곡산에 가게 된 것이었지요. 그가 길목을 지나가는데 한 사람이 불쑥 나타나더니 앞을 막았습니다.

"누구인데 길을 막는 것인가?"

정약용이 당황스러워하며 물어보았습니다.

"저는 이계심이라고 하옵니다."

"아니? 난을 일으킨 자가 무슨 낯짝으로 내 앞에 나타난 것이냐? 당장 너를 체포해서 관아로 데려가겠다."

"저희 곡산에 새로 부임하시는 원님이라고 들었습니다. 부디 제가 쓴 편지를 읽어 주시옵소서. 저희 백성들은 억울한 일을 겪었습니다."

정약용은 일단 그가 쓴 편지를 읽어 보기로 했습니다. 이계심의 글에는 백성들이 괴로운 이유 열 가지가 적혀 있었습니다. 그것을 읽은 정약용은 곡산 사람들이 탐관오리 때문에 힘들었으며, 누명을 쓰고 있다는 것도 알았지요.

"이런 사건이 있었구나. 그동안 잘 몰랐다. 판결은 관아에서 할 테니 잠자코 나를 따라오거라."

"네, 알겠습니다, 나으리."

이계심은 순순히 정약용을 따라 관아로 들어갔습니다. 그러자 관아에서 새 원님을 맞이하려고 나와 있던 관리들이 이계심을 보고 깜짝 놀랐습니다.

"아니, 너는! 여기가 어디라고 나타났느냐? 당장 체포하라!"

그 말을 들은 정약용이 얼른 명령을 내렸어요.

"멈추거라. 이자는 자수한 사람이다."

"하오나, 저자는 위험한 자입니다. 어서 옥에 가두어야 합니다."

"내가 판결을 내릴 것이다. 그러니 명령을 따라라."

관리들은 더 이상 아무 말을 하지 못했습니다. 정약용은 관리들뿐만 아니라 백성들이 모두 모인 앞에서 이계심에 대한 판결을 내렸어요.

"이계심! 너는 죽음을 두려워하지 않고, 백성들의 억울함을 해결하기 위해 관아에 항의하였다. 그러므로 무죄 판결을 내리겠다. 너처럼 훌륭한 사람이 관아에서 일하면 좋겠구나."

관리들은 놀라고, 백성들은 환호성을 질렀어요. 그 뒤 정약용은 곡산에서 백성들을 위해 정의로운 일을 많이 했습니다. 덕분에 백성들은 억울한 일 없이 잘살 수 있었습니다.

자세히 알아보자 — 정의

정의란 올바른 도리를 지키기 위해, 또는 사회를 공정하게 유지하기 위해 가져야 할 행동과 마음가짐을 뜻합니다.

정약용은 탐관오리가 조정에 보고한 말만 들은 것이 아니라, 이계심의 편지 내용을 보고 정확히 상황 파악을 했습니다. 그리고 정의로운 판결을 내렸지요. 덕분에 백성들이 억울한 일을 겪지 않았습니다.

우리 주변에 억울한 일을 겪은 친구가 있으면 적극적으로 도와주고, 나쁜 행동을 하는 친구가 있으면 바른 행동을 하도록 충고하세요. 그것이 일상에서 정의를 지키는 일입니다.

5학년 2학기 사회 1단원

　최영의 아버지 최원직은 용감하고 정직한 사람이었습니다. 그는 임금의 잘못이 있으면 바른말로 충고하는 신하였지요. 최원직은 아들 최영에게 항상 말했습니다.
　"아들아, 네가 국가를 위해 일하는 사람이 된다면 황금 보기를 돌같이 해야 한다. 주변에 많은 유혹이 있어도 욕심을 부리지 말아라. 청렴하게 살아야 백성들이 고통받지 않는다."
　"네, 알겠습니다. 황금 보기를 돌같이 하겠습니다. 아버님!"
　최영은 어렸을 때부터 아버지의 말을 가슴에 새기고 다녔습니다.
　최영은 나중에 장군이 되어서도 재물에 욕심을 부리지 않고 청렴하게 행동했습니다. 나라를 위해서 일하는 사람이라면 다른 사람과 다르게 더 정의롭게 살아야 한다고 생각했지요.
　고려 공민왕 때 '김용'이라는 신하가 있었습니다. 공민왕이 어렸을 때 원나라에 인질로 잡혀갔을 때 김용이 옆에서 극진히 모셨습니다. 외국에서 생활하느라 힘들고 외로웠던 공민왕에게 많은 보탬이 되었지요. 그 덕분에 공민왕은 그를 좋아했습니다. 그래서 높은 벼슬도 주었지요.

　김용은 자신이 받은 권력을 이용해 다른 사람을 모함했습니다. 그리고 협박을 하면서 재산도 빼앗았습니다. 그에게 고통받는 사람이 한둘이 아니었어요. 김용은 나중에 공민왕도 제거하려 합니다. 하지만 이 일이 결국 발각되어 그는 처형당했습니다.

　김용이 죽은 뒤, 그의 집에서는 수많은 보석과 돈이 발견되었습니다. 뇌물을 받거나 사람들을 협박해서 받은 금품이었지요. 보기만 해도 눈이 휘둥그레지는 값진 보물들이 많았습니다. 그것을 압수하는 동안 옆에서 구경하고 있던 신하들은 감탄했습니다.

　"이야! 저런 보석이 다 있다니!"

　"그러게! 이렇게 아름다운 보석들은 처음 봐!"

　그때 최영이 들어왔습니다. 그러자 다른 신하가 그를 불렀습니다.

　"최영 장군! 이것 좀 보시오! 신기한 금은보화가 엄청 많소. 어떻게 이런 것들을 모을 수가 있지?"

　그러자 최영 장군이 그들을 보며 소리쳤습니다.

　"김용은 나라를 위해서 일하는 사람인데 욕심을 부리며 나쁜 일을 일삼았습니다. 관직에 있는 자라면 청렴해야 하거늘! 백성들을 보살피지 못하고, 욕심을 크게 부리다가 결국 이런 처참한 결과를 낳았지요. 저까짓 물건들이 뭐 그리 대단합니까? 사람 하나를 망쳐 놓은 물건들인데!"

그 말을 들은 관리들은 겸연쩍어했어요.

"아니, 뭐……. 저 물건들이 탐난다는 소리가 아니라 그냥 신기해서 구경 좀 해 보라고 한 소리였소. 그렇게까지 역정을 낼 것까지야 없지 않겠소?"

"그렇게 계속 보다 보면 처음에는 별 마음이 없다가도 나중에 욕심이 날 것이오. 그러면 나쁜 짓을 일삼았던 김용처럼 되겠지요."

그 말을 들은 관리들은 더 이상 금은보화를 구경하지 않고, 뿔뿔이 흩어졌습니다.

고려 말, 원나라와 왜구가 고려를 자주 침략했습니다. 그들은 먹을 것을 빼앗았으며 말을 잘 듣지 않고 반항하는 사람이 있으면 처참하게 죽였습니다. 백성들의 고통은 날이 갈수록 커졌지요. 이를 가만히 볼 수 없었던 고려의 왕은 최영에게 명령을 내려 적군을 무찌르게 했습니다. 최영 장군은 뛰어난 전술과 용맹함으로 적과의 전투에서 많은 승리를 거두었어요.

"장군님! 저희가 승리했사옵니다."

"너희들 덕분에 얻은 승리다! 고생이 많았다."

"감사합니다. 전리품을 챙겨 왔는데 받으시지요, 장군님!"

보통 전쟁에서 이기는 장수와 병사들은 승리한 대가로 귀한 물품이나, 돈 같은 전리품을 받았습니다. 하지만 최영은 이를 거절했어요.

"나라를 위해 일하는 사람이기 때문에 전리품을 받을 수 없다. 백성들이 굶으며 고생하고 있는데 이런 것은 내게 사치다! 내게 줄 것을 고통받는 백성들에게 나누어 주거라!"

"네, 알겠습니다!"

최영 장군은 백성들을 위해 항상 청렴하고, 정의롭게 행동했습니다. 그의 태도는 인재를 선발할 때도 변함이 없었어요. 최영 장군은 법을 잘 지키지 않는 사람, 욕심을 많이 부리는 사람, 도덕성이 부족한 사람은 절대 뽑지 않았습니다. 그래서 많은 백성들이 그를 존경했답니다.

훗날, 최영 장군은 죽기 전에 이런 유언을 남겼습니다.

"내가 만약 나쁜 방법으로 재산을 모았다면 죽은 뒤 무덤에 풀이 날 것이고, 그렇지 않으면 무덤에 풀이 나지 않을 것이다."

실제로 몇 백 년 동안 최영 장군의 묘에는 풀이 자라지 않았다고 합니다.

자세히 알아보자
청렴

청렴이란 과한 욕심을 부리지 않으며, 성품과 행동이 바른 것을 뜻합니다.

최영 장군은 '황금 보기를 돌같이 하라.'라는 말을 마음에 담고 살았습니다. 그는 나라를 위해 일하는 사람으로서 청렴하게 행동했지요.

적당한 욕심은 좋은 것입니다. 사람이 무언가를 하게 만들어 주는 동기가 되어 주지요. 하지만 선을 넘는 과도한 욕심은 좋지 않습니다. 자신이 원하는 것을 충족시키기 위해 법을 어기거나, 도덕을 무시할 가능성이 크지요.

그러므로 여러 사람들과 연관되어 있는 일을 맡거나 많은 사람들을 대표하는 자리에 나설수록, 청렴하게 행동해야 합니다. 영향력이 큰 자리에서 욕심을 부린다면 다른 사람들에게 많은 피해를 끼칠 수 있기 때문입니다.

성실하게 자신의 일을 했던 허준
5학년 2학기 국어 5단원

　임진왜란을 겪고 난 뒤, 의주로 피난 갔던 조선의 왕 선조는 다시 서울로 돌아왔습니다. 당시에는 전쟁으로 인해 다치거나 병든 사람이 많았습니다. 대부분의 사람들이 다친 부분을 어떻게 치료해야 하는지 잘 몰랐어요. 그래서 의학적인 지식이 없던 백성들은 조금만 다쳐도 죽는 일이 많았습니다.
　그 모습을 보다 못한 선조가 어느 날 허준을 불렀어요.
　"허 의원, 백성들이 다치고 병들어 가는데 이를 치료할 줄 아는 사람이 많지 않소. 그래서 과인이 이 문제를 어떻게 해결할지 곰곰이 생각해 보았네. 의원들이 많지 않으니 백성들이 스스로 치료할 수 있도록 의학과 관련된 서적을 배포하는 것이 어떠한가?"
　"아뢰옵기 황공하오나, 전쟁이 일어나면서 많은 의서가 불에 탔습니다. 그래서 일반 사람들이 사용할 수 있는 책이 거의 없사옵니다."
　선조는 어두운 표정을 지었습니다.
　"상황이 심각하구려. 과인은 예전부터 몸이 허약했소. 그래서 이를 치료하기 위해 여러 의서를 읽어 보았지. 예전에 조상들이 만든 『의방유취』라는 책은 1백 년이 지나 너무 오래되었고, 중국에서 만든 의서는 우리 조선과 처방 방법이 조금씩 달랐소."

"그렇사옵니다. 우리나라 사람들이 활용하기에 괜찮은 의서가 현재 없습니다."

허준의 말을 들은 선조가 의견을 냈습니다.

"그래서 말인데, 허 의원은 조선 백성들에게 적합한 우리만의 의서를 내는 것에 대해 어떻게 생각하는가?"

"지금 같은 시기에 꼭 필요하다고 생각합니다. 우리 조선의 상황을 반영해서 현실에 맞는 책을 내야 할 것입니다."

"좋소. 그렇다면 다른 의원들도 불러 줄 터이니, 힘을 합쳐 조선 사람들을 위한 의서를 만들어 보시오."

"네, 명을 받들어 의서를 만들겠나이다."

선조는 한시름 덜었다는 듯이 밝은 표정을 지었습니다. 그는 허준에게 몇 가지 부탁을 더 했어요.

"의서를 새로 만들 때 세 가지 원칙을 지키면 좋겠소."

"어떤 원칙인지 말씀해 주실 수 있으십니까?"

"첫째, 병 고치는 것보다 병을 예방하는 방법을 더 중요하게 다루어 주면 좋겠소. 둘째, 무수히 많은 처방들 중 핵심만을 간추려 주시오. 셋째, 우리나라에서 쉽게 구할 수 있는 약초를 이용하며, 약 이름을 표시할 때 누구나 볼 수 있도록 한글로 써 주시오."

선조는 백성들이 쉽게 활용할 수 있는 의서가 나오기를 바랐던 것이지요. 허준도 그 생각에 동의했습니다.

"네, 좋은 생각입니다. 명을 따르겠습니다, 전하."

허준은 여러 의서들을 보며 관련 자료들을 조사했습니다. 그리고 책의 목차를 짰습니다. 정리해야 할 자료가 워낙 많고, 원래 하던 일도 있었기에 허준은 무척 바빴어요. 하지만 그는 성실하게 자신의 할 일을 묵묵히 수행했습니다. 선조가 의서를 편찬하라고 명령을 내린 지 채 1년이 지나지 않아, 일본이 조선에 다시 쳐들어오는 '정유재란'이 발생했습니다. 조선은 또 전쟁의 혼란에 빠졌습니다. 허준과 함께 의서 편찬에 참여했던 의원들은 전쟁 때문에 뿔뿔이 흩어졌습니다. 그래서 의서 편찬을 미룰 수밖에 없었지요.

1년이 더 지나고 나서야 전쟁은 완전히 끝났습니다. 나라는 더 피폐해졌지요. 아픈 사람들이 길에 넘쳐 났습니다. 선조는 다시 허준을 불렀습니다.

"과인이 예전에 맡긴 의서 편찬은 어떻게 되고 있는가?"

"죄송합니다, 전하. 목차를 세우고 정보를 많이 수집했지만, 아직 완성하지 못했습니다. 정유재란으로 인해 의서 편찬을 맡은 의원들이 다 흩어진 상태라 책을 완성시키는 데 많은 시간이 걸릴 것 같습니다."

"그대가 성실히 임했는데도 상황이 여의치 않구려. 내가 왕실에서 갖고 있던 의서 5백 권이 있는데, 이 책을 참고해서 의서를 완성해 보시오. 비록 혼자 하느라 버겁겠지만 힘을 내시오. 그 책에 백성들의 목숨이 달려 있소."

"꼭 완성시키겠습니다, 전하."

허준은 할 일이 태산 같았습니다. 의서를 편찬하는 일뿐만 아니라, 몸이 좋지 않은 선조를 치료도 해야 했지요.

허준의 정성스러운 치료에도 불구하고 선조는 결국 사망했습니다. 신하들은 왕을 살리지 못했다는 이유로 허준을 귀양 보냈습니다. 허준은 귀양 간 곳에서도 선조와의 약속을 지키기 위해 의서 편찬에 집중했습니다.

한편, 세상을 떠난 선조의 뒤를 이어 광해군이 왕의 자리에 올랐습니다. 그는 허준을 다시 궁궐로 불러들였어요. 허준은 그곳에서 의원 일을 하면서 마침내 의서를 완성했습니다. 그 의서 이름을 『동의보감』이라고 지었지요. 의서를 만들라고 선조의 명을 받은 지 무려 14년 만에 완성한 것입니다. 책이 출판되자 『동의보감』은 조선뿐만 아니라 주변의 여러 나라에서 인기를 얻었습니다.

자세히 알아보자
성실

성실이란 어떤 일을 할 때 정성스럽고 꾸준하게 하는 자세를 뜻합니다.
허준은 선조의 명을 받아 의서를 만드는 데 최선을 다했습니다. 그가 성실하게 임한 덕택에 여러 백성들이 도움을 받을 수 있었지요.
우리는 학교에서 공부를 할 때, 청소할 때 등 자신이 맡은 역할에 최선을 다해야 합니다. 성실하게 행동한다면 좋은 결과를 얻을 수 있을 거예요.

자신의 잘못을 스스로 인정하고 반성한 주시경

5학년 2학기 국어 활동 6단원 | 6학년 1학기 국어 활동 8단원

    주시경의 원래 이름은 주상호였습니다. 주상호는 어렸을 때 서당에서 한문을 배웠어요. 그는 한문과 우리말 사이에 순서가 다르다는 것을 깨닫고 국어에 관심을 갖게 되었습니다.

    주상호는 어렸을 때 여느 아이들처럼 친구들과 자주 어울려 놀았어요. 하루는 한 친구가 말했습니다.

    "얘들아! 술래잡기랑 숨바꼭질을 계속하니까 질린다. 이제 다른 거 하고 놀자."

    "맞아! 나도 질렸어. 근데 뭐 하고 놀지?"

    상호와 친구들은 주변을 둘러보았습니다. 근처 집 마당에 옥수수 줄기 껍질을 벗겨 봉 모양으로 만든 수수깡이 보였어요.

    "야! 저 수수깡 가지고 집을 만들어 보는 건 어때?"

    "그러려면 저기에 있는 것들을 많이 써야 할 텐데……. 우리 것이 아닌데 막 써도 될까?"

    상호가 망설이자 다른 친구가 어깨를 툭툭 두드리며 말했습니다.

    "우리가 망가뜨릴 것도 아니잖아. 그냥 잠깐 놀다가 제자리에 두자! 걱정하지 마!"

"그래, 좋아!"

상호와 친구들은 앞다투어 마당으로 가서 수수깡을 집어 왔습니다.

"자, 그럼 집 짓기 시작!"

아이들은 저마다 자신만의 집을 짓기 시작했습니다. 하지만 수수깡으로 집을 만드는 것은 쉬운 일이 아니었어요.

"에이! 왜 자꾸 쓰러지지? 땅에 제대로 안 박아서 그런가?"

상호의 수수깡도 다른 친구들 것처럼 계속 쓰러졌습니다. 그는 다시 집중을 해서 집을 만들었어요.

정해진 시간이 지난 뒤, 아이들은 집 짓는 것을 멈추었습니다. 수수깡이 자꾸 쓰러지는 바람에 포기한 친구도 몇몇 있었지요.

"자, 다들 만든 것 같은데 이제 누가 집을 가장 잘 만들었는지 볼까?"

"좋아, 집마다 점수를 줘서 1등을 뽑자."

친구들이 서로 만든 집을 살펴보았습니다. 다양한 형태의 집 모양이 있었어요. 그중에서 최고로 잘 만든 것은 상호가 만든 것이었습니다. 친구들이 감탄했어요.

"우아! 상호가 가장 잘 만들었는데? 실제 집을 줄여 놓은 것 같아!"

"정말 대단하다! 네가 만든 집이 최고 점수야!"

상호는 기분이 좋아서 어깨를 으쓱 올렸습니다. 그런데 이 모습을 본 한 친구가 시샘이 났어요. 그래서 억지를 부렸습니다.

"야! 저게 뭐가 잘 만든 거야? 여기 수수깡 조금씩 삐져나온 거 안 보여?"

상호는 기분이 나빴습니다. 그래서 말대꾸를 했습니다.

"그러는 너는! 네 집은 왜 저렇게 기울어져 있니? 마음이 삐딱해서 집도 비딱하게 만든 거니?"

친구는 화가 나서 상호의 멱살을 잡았어요.

"뭐라고? 너 혼나 볼래?"

"어쭈? 이게?"

서로 싸우려고 하는 찰나 한 아저씨가 다가왔습니다.

"싸우지 말아라! 내 집 앞에서 도대체 뭐 하는 짓이니? 게다가 우리 집 마당에 놓은 수수깡도 허락 없이 사용했구나!"

상호와 친구는 싸움을 멈추고 고개를 숙였습니다. 그리고 용서를 빌었어요. 아저씨는 주변을 둘러보다가 아이들이 수수깡으로 만든 집을 보았습니다. 그는 상호가 만든 집을 손가락으로 가리키며 물었습니다.

"그런데 이 집은 누가 만든 것이냐?"

아이들은 아저씨에게 더 크게 혼날까 봐 눈치만 보고 아무 말도 하지 못했습니다. 그러자 상호가 나섰습니다.

"제가 만들었습니다. 허락도 없이 함부로 수수깡을 써서 죄송합니다. 친구들이랑 싸우면서 소란 피운 것도 죄송합니다. 지금 당장 수수깡을 제자리에 놓겠습니다. 그리고 앞으로 다시는 이런 일이 없도록 하겠습니다."

사실 아저씨는 아이들을 크게 혼낼 생각은 없었어요. 단지 집을 훌륭하게 지은 것을 보고 놀라, 누가 이렇게 손재주가 있는지 궁금해서 물어본 것이었습니다. 그런데 상호가 반성하는 태도를 보이며 사실대로 말하니 대견스러웠습니다. 아저씨는 부드럽게 말했어요.

"그래, 스스로 반성하고 용기를 내서 솔직하게 말하다니! 너는 앞으로 어른이 되어서도 큰 사람이 될 것 같다. 용서할 테니 수수깡은 원래 자리에 잘 놓거라."

이처럼 주시경은 자신이 잘못한 것에 대해 반성하고 개선하려는 태도를 갖고 있었습니다. 이러한 자세 덕분에 국어 연구에서 큰 성과를 거둘 수 있었지요.

자세히 알아보자
반성

반성이란 자신의 말과 행동에서 잘못된 부분이 있었는지 스스로 살펴보고, 만약 잘못이 있었다면 고치려고 노력하는 것을 뜻합니다.

주시경은 어렸을 때 자신이 저지른 잘못에 대해 반성하고 사죄를 했습니다. 그래서 수수깡 주인으로부터 용서를 구할 수 있었지요.

우리는 때때로 잘못된 언행을 하는 경우가 있습니다. 이때 구차한 변명을 하는 것보다는, 자신의 잘못을 인정하고 반성하는 것이 좋습니다. 그래야 잘못된 부분을 스스로 개선하고, 앞으로 발전할 수 있는 기회가 생기지요. 사람은 반성을 통해 앞으로 한 발자국 나아갑니다.

인내하며 대한민국의 독립을 위해 노력한 김구

6학년 1학기 사회 2단원 | 6학년 1학기 사회 3단원 | 6학년 도덕 4단원

"저놈을 체포해라!"

갑자기 일본 순사가 문을 열고 들어왔습니다. 그 모습을 본 김구는 놀랐습니다.

"도대체 무슨 죄로 나를 체포하는 건가?"

"묻지 말고 그냥 따라와!"

김구를 비롯한 여러 독립운동가들이 감옥에 갇혔습니다. 이들은 국권 회복을 위해 무관 학교를 설립하려고 자금을 모으고 있던 중이었지요. 학교를 만들어 독립운동을 할 인재를 기를 생각이었습니다. 이것이 신경 쓰였던 일제 총독부는 김구네 일당이 데라우치 총독을 암살하기 위해 군대 자금을 모은 것이라고 부풀려 죄를 크게 만들고 체포한 것이었습니다.

일본 순사가 옥에 갇혀 있던 김구를 심문실로 불렀습니다. 그리고 질문을 했지요.

"네가 여기 왜 잡혀 왔는지 알지?"

"아무 잘못도 저지르지 않았는데 내가 왜 잡혀 왔는지 모르겠소."

"거짓말! 너희들이 모으고 다닌 돈! 그 돈을 어디에 쓰려고 했지?"

"학교를 세우려고 했소."

일본 순사는 얼굴이 일그러졌습니다.

"너희들은 우리 총독을 죽이려고 무기 사느라 돈을 모은 거잖아!"

"그렇지 않소!"

일본 순사는 원하는 대답을 듣지 못하자, 김구의 손과 발을 묶고 천장에 거꾸로 매달았습니다. 그리고 몽둥이로 때리며 고문했어요.

"으악!"

너무 고통스러웠던 김구는 정신을 잃었습니다. 하지만 일본 순사가 물을 뿌리며 김구를 다시 깨웠어요.

"자, 사실대로 말해! 안 그러면 더 고통스럽게 해 줄 거야. 돈을 모으던 안명근과 너는 무슨 관계이지?"

"그냥 서로 아는 친구일 뿐이오."

"거짓말! 같이 일한 사이잖아! 너희들이 우리 총독을 죽이자고 계획을 짠 거 모를 것 같아?"

"당신이 하는 말 모두 틀렸소."

일본 순사는 계속 고문을 했습니다. 김구는 너무 괴로웠지만 꾹 참았어요. 그러자 일본 순사가 눈을 크게 치켜뜨고 윽박질렀습니다.

"자! 총독을 죽이기 위해 돈을 모았다고 말해!"

"하지도 않은 일을 어떻게 했다고 말할 수 있겠소?"

일본 순사들은 밤을 새워가면서 김구를 고문했습니다. 시간이 지날수록 김구의 몸은 망가져만 갔지요.

"오늘도 사실대로 말하지 않으면 고통스러울 거야."

순사가 또 협박하자 김구는 있는 힘을 짜내 순사들에게 외쳤습니다.

"이놈들! 너희들이 내 목숨을 뺏을 수는 있어도 정신은 뺏지 못할 것이다! 거짓으로 너희들이 원하는 자백을 절대 할 수 없다!"

순사들은 처음에 깜짝 놀랐어요. 하지만 이내 비웃으면서 말했습니다.

"네 동료는 자백했다. 그런데 너는 왜 버티고 있는 것이냐? 그러면 너만 더 고통스러울 뿐이야. 어서 우리가 말한 대로 자백해!"

"웃기지 마라. 난 너희들의 꼬임에 넘어가지 않는다."

"이 독한 녀석, 더 고통을 맛보게 해 주지!"

순사들은 거듭 김구를 고문했습니다. 그는 계속 버텨내며 참았어요.

그러던 어느 날, 다른 순사가 찾아왔습니다. 그는 고문을 하지 않고 부드럽게 말했습니다.

"김구 선생님, 저는 선생님이 억울하다는 것을 알고 있습니다. 다른 순사들로부터 고문받은 모습을 보니 너무 안타깝네요. 이 물이랑 밥 좀 드세요."

김구는 고문을 버텨 왔지만, 배고픔은 참기 힘들었습니다. 그동안 순사들이 제대로 된 밥을 주지 않았기 때문이지요. 김구가 고민하고 있자, 순사가 다시 말했습니다.

"김구 선생님, 선생님처럼 훌륭한 사람이 이런 감옥에 갇혀 고통받는 것은 정말 안타까운 일입니다. 어서 풀려나서 조선 사람들을 위해 활동하셔야지요. 그러기 위해서는 일단 저희가 하라는 대로 따라 주시면 됩니다. 총독 암살을 위해 돈을 모았다고 말하기만 하면, 자유롭게 이 감옥을 나갈 수 있습니다."

김구는 다시 고문을 받을 수 있다는 것을 알았지만, 유혹을 참고 말했습니다.

"너희들이 원하는 대로 할 수 없다!"

결국 그는 15년 형을 선고받고 감옥에 갇혔습니다. 일본 측에서도 약간 무리한 결정을 내렸다고 판단했는지, 수감 5년째가 되던 날 김구를 가석방시켰습니다.

그 뒤에도 김구는 독립운동에 적극적으로 참여했고, 마침내 그토록 원하던 광복을 맞이할 수 있었습니다.

자세히 알아보자
인내

인내란 괴로움, 어려움, 유혹 등을 참고 견디는 것을 뜻합니다.

김구는 동료들을 위해 끝까지 거짓 진술을 하지 않고 버텼어요. 심신이 고통스러웠지만 일본 순사들의 갖은 고문과 회유를 참고 견딘 것이지요. 그 뒤로도 김구는 힘든 일이 있을 때마다 인내를 하며 맞섭니다. 그리고 결국 광복을 맞이합니다.

우리는 학교생활을 하면서 공부, 교우 관계 등으로 인해 스트레스를 받고 힘들어하는 경우가 많습니다. 이럴 때에는 밝은 미래를 상상하며 인내해야 합니다. 힘든 시기를 견뎌 내면 언젠가는 좋은 날이 오기 마련입니다.

5학년 2학기 사회 1단원

    백제의 아신왕은 고구려의 광개토 대왕과 사이가 좋지 않았습니다. 고구려와 매번 전쟁을 벌였지만 대부분 지고 말았기 때문이지요. 계속 고구려에 패배하자, 아신왕은 고구려와 사이가 좋은 신라부터 공격하기로 합니다. 먼저 신라를 정복해야 고구려를 쉽게 몰아낼 수 있다는 생각이 들었기 때문이지요. 아신왕은 신하들을 불러모았습니다.

    "우리 백제 혼자서는 고구려를 이기기 힘들다. 그러므로 왜, 가야를 끌어들여서 연합군을 만들 것이다. 이 연합군은 고구려와 사이가 좋은 신라부터 공격할 것이다. 신라를 정복하고 나면 고구려는 더 이상 남쪽에서 힘을 못 쓰게 될 것이야."

    "폐하 말씀이 맞사옵니다. 왜와 가야에 사신을 보내서 신라를 같이 공격하도록 일을 진행해 보겠습니다."

    백제 아신왕은 자신의 계획대로 왜, 가야와 힘을 합쳤습니다. 이 연합군은 신라의 국경을 넘어 수도인 금성까지 쳐들어갔지요. 그것을 본 신라 사람들은 놀랐습니다.

    "백제군이 쳐들어왔다!"

"백제군뿐만 아니라 왜, 가야군도 왔습니다."

신하들이 앞다투어 신라의 왕에게 보고를 했습니다. 왕은 서둘러 명령을 내렸어요.

"우리가 저들을 모두 막아 내기에는 힘들다. 그러니 고구려에 사신을 보내서 신라를 도와 달라고 하거라!"

명을 받든 사신은 적군이 모이지 않은 곳으로 몰래 나가 고구려로 향했습니다. 한편 광개토 대왕은 평양까지 내려와서 남쪽의 형편을 살펴보고 있었습니다. 그런데 마침 신라의 사신이 도착했지요.

"폐하, 신라에서 사신이 왔습니다."

"들라 하라."

광개토 대왕의 명이 끝나기가 무섭게, 신라의 사신이 다급히 들어왔습니다.

"무슨 일로 신라에서 여기까지 온 것인가?"

"폐하, 지금 신라는 백제, 왜, 가야 연합군의 공격을 받고 있사옵니다. 저희는 고구려와 힘을 합쳐 저 침략자들을 몰아내고 싶습니다."

광개토 대왕은 신라와 협력하는 것을 긍정적으로 받아들였습니다. 고구려 혼자 외롭게 싸우면 아무래도 나중에 불리할 것 같다고 판단했지요. 그래서 신라를 돕기로 했습니다.

"좋다. 우리가 너희를 도와주러 가겠다. 그러니 신라로 돌아가서 왕에게 안심하라고 전해라. 우리가 군대를 이끌고 갈 때까지 잘 버텨야 한다."

"네, 성은이 망극하옵니다. 이 기쁜 소식을 어서 전하러 가겠나이다."

신라의 사신은 서둘러 본국으로 돌아갔습니다.

고구려는 북쪽에 접해 있는 나라와 사이가 좋지 않았습니다. 그래서 만약 병사들을 남쪽에 집중시킨다면 북쪽에 있는 나라로부터 공격을 받을 위험이 있었지요. 그럼에도 광개토 대왕은 신라와 협력하기로 결정했습니다.

"폐하, 지금 군사를 일으켜서 신라로 보내면 북쪽 지역이 위험합니다."

신하가 말렸지만 광개토 대왕의 의지는 완고했어요.

"나도 알고 있소. 하지만 신라가 망하도록 내버려 둔다면 나중에 저 연합군이 남쪽 영토를 위협할 것이오. 그러면 그때에는 북쪽과 남쪽 지역 모두 불안한 상황이 될 수 있소. 그러니 먼저 신라와 협력하여 남쪽을 정리하고, 그 뒤 북쪽에 집중하는 것이 좋겠소."

광개토 대왕은 군사를 5만 명이나 모아서 신라로 보냈습니다.

한편, 신라를 공격하고 있던 연합군은 고구려군이 나타나자 깜짝 놀랍니다.

"고구려군이다! 모두 적군의 침입에 대비해라!"

"저기 연합군이 보인다. 모두 진격하라!"

고구려군과 연합군은 치열하게 싸웠습니다. 시간이 지나자 연합군의 상황이 불리해졌습니다. 고구려군이 많은 데다가, 이미 연합군은 신라를 공격하느라 지쳐 있었기 때문이지요. 백제의 장수가 아신왕에게 다가가 말했습니다.

"폐하, 지금 상황이 좋지 않습니다. 군사를 물려야 합니다."

"어떻게 여기까지 왔는데 후퇴한단 말인가? 신라 정복이 눈앞에 있거늘!"

"하지만 고구려군이 너무 많사옵니다. 후퇴하고 다음 기회를 노려야 할 것 같사옵니다."

"분하다. 고구려와 신라가 협력하는 것을 막았으면, 우리가 충분히 이길 수 있었을 텐데……. 전부 퇴각하라!"

연합군은 전세가 밀리자 퇴각하기 시작했습니다. 백제, 가야, 왜는 각자의 영토로 도망갔어요.

"만세! 연합군이 물러간다. 고구려군 만세! 신라 만세!"

신라 백성들은 환호성을 질렀습니다. 고구려군은 여기에서 멈추지 않고, 도망가는 적들을 끝까지 쫓았습니다. 그리고 가야까지 쳐들어가서 굴복시켰지요. 그 사건 이후로 몇 년간 백제, 가야, 왜는 고구려와 신라를 건드리지 못했습니다.

자세히 알아보자

협력

협력이란 힘을 합쳐서 서로 돕는 것을 뜻합니다.

고구려 광개토 대왕은 상황 판단을 정확히 한 후에, 신라의 협력 요청을 받아들였습니다. 그 결과 남쪽 지역에서 고구려의 영향력을 더 키울 수 있었지요.

어떤 일을 하다 보면 혼자 힘으로 해결하기 어려울 때가 있습니다. 그럴 경우에는 끙끙 앓고 고민할 필요 없이, 주변 사람에게 도움을 요청하거나 협력을 하자고 제안  해 보세요. 어떠한 문제를 혼자 해결하는 것보다는 여러 사람이 협력할 때 더욱 쉽고 빠르게 해결할 수 있습니다.

모두가 평등한 사회를 만들기 위해 노력한 링컨

5학년 도덕 2단원, 6학년 1학기 사회 1단원

링컨은 19세 때 뉴올리언스에 갔다가 노예 시장을 지나게 되었습니다. 그곳에는 백인들이 흑인 노예들을 팔고 있었어요. 그들은 모두 쇠사슬로 묶여 있었습니다. 링컨이 지나가자 상인들이 말을 걸었습니다.

"노예 사세요. 무거운 짐도 잘 들고, 요리도 할 줄 압니다."

"이 노예로 사세요. 젊어서 몇십 년 동안 일을 부려 먹을 수 있습니다."

링컨은 상인들이 흑인을 물건처럼 다루는 것을 보고 충격을 받았습니다.

"어떻게 같은 사람을 저렇게 대할 수 있지?"

그때 한쪽에서 비명이 들렸어요.

"악!"

상인이 한 노예를 채찍으로 때리고 있었습니다.

"주인님, 부디 제 아들과 같은 곳으로 가게 해 주세요."

"웃기지 마라. 노예 따위가 감히 주인의 뜻을 거역해? 너희들을 따로따로 팔아야 돈을 많이 벌 수 있어!"

"제발 부탁드립니다."

주인은 얼굴을 찡그렸습니다. 그리고 채찍을 휘두르며 엄마와 아들을 때렸

지요. 링컨은 그 끔찍한 광경을 보고 눈을 감았습니다. 하지만 고통에 찬 비명이 귀에 맴돌았어요. 링컨은 상인에게 다가갔습니다.

"그만하시지요. 같은 사람인데 어떻게 이렇게 함부로 대할 수 있습니까?"

"뭐? 이 노예랑 우리랑 같은 사람이라고? 정신 나간 것 아니오? 장사 방해하지 말고 저리 가시오!"

"우리와 피부색만 다를 뿐 같은 사람이지 않소!"

"내가 살다가 별 이상한 소리 다 듣는구먼. 이보시오! 주변을 둘러보시오. 나뿐만 아니라 다른 사람들 모두 노예를 팔고 있지 않소? 왜 당신 혼자만 이렇게 성가시게 구는 것이오?"

상인의 말처럼 모두 아무렇지 않게 노예들을 팔고 있었습니다. 링컨은 그때 미국의 노예 제도를 없애야겠다고 생각했습니다.

'나 혼자 이렇게 평등을 외쳐도 소용이 없겠구나. 법을 바꿀 수 있는 높은 사람이 되어서 노예 제도를 폐지해야겠어.'

링컨은 노예 시장에서 큰 깨달음을 얻은 뒤, 나라의 법을 바꿀 수 있는 사람이 되기로 결심했습니다. 당시에 미국은 노예 제도를 반대하는 북부와, 찬성하는 남부로 나누어져 있었어요. 그리고 의회는 민주당과 공화당으로 나누어져

있었는데, 링컨은 노예 제도를 반대하는 공화당에 들어갔습니다. 그리고 그 당을 대표해 대통령 후보로 나섰지요.

링컨은 미국 곳곳을 돌아다니면서 연설을 했습니다.

"모든 사람은 평등합니다. 우리는 모두 미국 시민입니다. 서로 차별해서는 안 됩니다. 제가 대통령이 된다면 노예 제도를 없애겠습니다!"

링컨은 결국 남부 지역을 제외한 다른 지역에서 큰 지지를 얻으며 대통령 당선이 되었습니다. 흑인 노예들은 이 소식을 듣고 뛸 듯이 기뻐했어요. 반면에 남부 지역 사람들은 화가 났습니다. 그들은 미국 연방에서 탈퇴를 하고 군대를 만들어서 북부 지역 군인들을 공격했습니다. 남과 북이 갈라져 전쟁이 일어난 것이지요.

"저는 노예가 되고 싶지 않습니다. 또한 주인이 되고 싶지도 않습니다. 인간은 누구나 평등한 존재입니다. 우리는 같은 미국 사람인데 왜 싸워야 합니까? 나라가 분열되어서는 안 됩니다!"

링컨의 호소에도 전쟁은 더욱 심해졌습니다. 많은 사람들이 죽자, 노예 제도를 인정해서 싸움을 멈추자고 하는 사람도 나타났습니다. 하지만 링컨은 자신의 뜻을 굽히지 않았어요. 그는 오히려 노예 해방 선언문을 발표했습니다.

"1863년 1월 1일, 오늘 이후로 사람들은 영원히 노예 상태로부터 해방될 것입니다. 미국 정부는 앞으로 노예 신분을 가진 사람들의 자유를 인정하고 지킬 것이며, 그들을 억압하는 어떠한 조치도 취하지 않을 것입니다."

링컨의 노예 해방 선언을 들은 흑인 노예들은 그 소식을 무척 반겼습니다. 특히 노예 제도 유지를 원하는 남부 지역에 있던 흑인들이 더 크게 반응했지요. 그들은 자유를 찾기 위해 북부로 도망쳤습니다. 그리고 북부 지역의 군인이 되어 자유를 위해 싸웠습니다. 때마침 남부를 도와주던 영국이 지원을 포기했어요. 결국 북부의 승리로 끝나면서, 미국 전역의 흑인들은 자유를 얻게 되었습니다. 훗날 링컨은 미국 사람들에게서 최고의 대통령으로 손꼽히는 인물이 되었습니다.

자세히 알아보자
평등

평등이란 권리, 의무, 자격 등이 차별 없이 고르고 한결같은 것을 뜻합니다.

링컨은 같은 사람인데 피부색이 다르다는 이유 하나만으로 흑인들을 노예로 부리는 것이 불평등하다고 생각했습니다. 그래서 그는 대통령이 된 뒤, 노예 제도를 폐지하여 미국에 있는 모든 사람들이 동등하게 자유를 누리도록 했지요.

우리는 모두 같은 인간으로서 동등한 권리를 가집니다. 자신에게 권리와 자격이 있으면, 다른 사람도 똑같은 권리와 자격이 있는 것입니다. 생김새가 다르다고 해서, 돈이 없다고 해서, 능력이 없다고 해서 인간으로서의 권리와 자격을 박탈한다면 그것은 차별입니다. 우리는 서로를 동등한 존재로서 존중해야 합니다.

사람마다 노력, 운, 환경에 따라 일한 것의 결과가 달라질 수 있습니다. 그렇다고 평등한 결과를 위해 성과를 동등하게 나누어야 한다고 주장해서는 안 됩니다. 그것은 다른 사람의 노력을 인정하지 않는 또 다른 차별이 될 수 있기 때문이지요.

5학년 도덕 5단원

공자는 어렸을 때 어머니로부터 예의가 중요하다고 가르침을 받았습니다.

"언제든지, 어디에서나, 누구에게나 예의 바르게 행동하거라."

"네, 알겠습니다. 어머니."

공자는 어머니의 가르침을 따라 예절과 법도를 배우고 이를 실천으로 옮겼습니다. 그는 외출할 때 항상 어머니께 인사를 드렸어요.

"어머니, 제가 아랫마을에 일이 있어서 잠시 나갔다 오려고 합니다. 아마 점심 식사 이전에 돌아올 수 있을 것 같습니다."

"그래, 잘 다녀오거라."

공자는 외출을 다녀와서도 꼭 인사를 드렸습니다.

"어머니, 아랫마을에 잘 다녀왔습니다."

"그래, 고생했다. 어서 쉬거라."

이뿐만이 아니었어요. 공자는 식사를 할 때도 어른이 수저를 먼저 든 뒤에 밥을 먹었습니다. 그리고 음식을 먹을 때 쩝쩝거리는 소리를 내지 않고 조용히 먹었지요.

그러던 어느 날, 공자의 어머니가 병에 걸려 세상을 떠났습니다. 공자는 평

상시 효를 중요하게 여겼기에 슬픔이 더 컸습니다. 그는 아버지의 무덤 옆에 어머니 무덤을 만들고, 예를 다해 장례식을 치렀어요.

공자는 장례식이 끝난 뒤에도 부모님의 무덤을 떠나지 않았습니다. 그 당시에는 부모님이 돌아가셨을 때 3년 동안 그 무덤을 지키는 것이 자식 된 도리였기 때문입니다. 그 기간 동안은 상복을 입은 채 크게 웃는 것도 피하고, 고기처럼 기름진 음식도 피해야 했어요. 공자가 그곳을 몇 년간 지키고 있던 중, 아는 사람이 찾아왔습니다.

"이보게. 자네는 지금 생계가 어렵지 않은가? 꼭 3년간 무덤을 지키지 않아도 되네. 이제 상 치르는 것을 그만두고 일을 하러 가게."

그 말을 들은 공자는 고개를 저으며 말했습니다.

"저는 자식 된 도리로서 부모님께 예의를 지키는 것입니다. 이를 저버릴 수 없습니다. 지금은 생계가 어려울지라도, 버텨 낼 자신이 있습니다."

"그래, 자네는 어머님께서 살아 계실 때에도 지극 정성으로 모시더니, 돌아가신 뒤에도 끝까지 예의를 지키는구먼. 대단하네."

그 사람은 공자를 칭찬하고 떠났습니다. 공자는 3년 동안 부모님 무덤을 지켰습니다. 그 뒤, 공자는 자신에게 3년간 무덤을 지키지 않아도 되니 일을 하라고 권유했던 사람의 말을 떠올렸어요.

'그 사람의 말이 틀린 것은 아니야. 꼭 3년을 지켜야 한다는 법이 없지. 누군가는 1년을 지키더라도 정성 들여서 무덤을 보살필 수도 있고, 다른 사람은 5년을 지키더라도 정성을 다하지 않을 수 있잖아. 그렇다면 예의에 대한 기준은 어떻게 세워야 하는 걸까?'

공자는 자신의 질문에 대한 답을 찾기 위해 예의에 대해 더 공부하고 옛 책을 연구했습니다. 하지만 답은 쉽게 찾을 수 없었지요. 공자는 포기하지 않고 끊임없이 공부했습니다.

공자는 처음에 계급이 낮은 관직을 얻었습니다. 그는 그곳에서 최선을 다해서 일했습니다. 점차 사람들이 공자의 능력을 인정해 주었고, 그는 결국 높은 자리까지 오를 수 있었어요. 공자는 관직에 있는 동안 자신이 나쁜 행동을 저지르지 않도록 스스로를 경계했습니다. 그리고 자신보다 직급이 낮은 사람에게도 예를 갖추어 대했지요. 그러자 공자를 존경하며 따르는 제자들이 늘어났습니다.

공자는 관직을 놓은 뒤에도 예절에 대해 공부했습니다. 그는 자신이 있는 나라뿐만 아니라 다른 나라에 가서도 예에 대해 연구했어요. 제자들도 그를 따라다니며 배움을 얻었습니다.

공자는 노인 앞에서 예의 지키는 것을 중요하게 생각했습니다. 그래서 제자들 앞에서 항상 노인 공경을 가르쳤지요.

"노인들은 우리 지역 사회, 국가에 헌신을 했던 인생의 선배들이다. 그분들을 존중하고 예의를 지켜야 한다."

제자는 어떻게 노인 공경을 실천해야 하는지 물어보았습니다.

"어떻게 존중하는 모습을 보이면 되겠습니까?"

공자는 하나부터 열까지 차근차근 설명해 주었어요.

"노인 앞에서는 말 한마디도 조심해야 한다. 상스러운 말을 하지 않으며, 항상 높임 표현을 써서 존중의 표시를 나타내야 한다. 또한 식사 장소나 쉼터에서 노인이 나타나면 자리를 양보해야 한다."

공자의 제자들은 스승이 한 말을 정리해서 책으로 만들었습니다. 그 책이 바로 『논어』이지요. 공자의 이러한 생각은 훗날 여러 나라 사람들에게 영향을 주었어요.

자세히 알아보자
예절

예절이란 사람들 관계에 있어서 지켜야 할 규칙과 습관대로 행동하는 것을 뜻합니다. 공자는 예절을 중요시했어요. 사람들 사이에 좋은 관계를 유지하고, 바른 사회를 만들기 위해서는 서로 예절을 지키는 것이 중요하다고 생각했습니다. 그의 사상은 현재까지도 우리 삶에 영향을 끼치고 있습니다.

우리가 어른을 만났을 때 고개를 숙여 인사를 하는 것, 밖에 나갈 때 옷차림을 단정히 하는 것, 지하철에서 노약자석을 비워 두는 것 등이 모두 예절을 지키는 행동입니다.

사람들은 예절을 잘 지키는 사람에게 편안함과 호감을 느낍니다. 반면에 예절을 잘 지키지 않는 사람은 멀리하려고 하지요. 우리가 살아가면서 주변 사람들과 좋은 관계를 유지하기 위해서는 예절을 지켜야 합니다. 친한 친구 사이나 가족 간에도 최소한의 예절을 지켜야 하지요.

자신의 발명에 끝까지 책임감을 가진 노벨

6학년 도덕 3단원

　노벨의 아버지인 임마누엘은 '기뢰' 전문가였습니다. 기뢰란 물에 떠 있다가 지나가는 배를 폭파하는 장치입니다. 임마누엘은 기뢰를 이용해 당시 그들이 살고 있던 러시아를 적군으로부터 지켜 냈습니다. 노벨은 이런 아버지의 영향을 받아 젊었을 때부터 기계 공학을 공부했어요.

　철도나 광산을 만들 때 바위를 부수기 위해서는 폭약이 꼭 필요했습니다. 아버지가 폭약을 연구했기 때문에 노벨은 자연스럽게 이 분야에 관심을 가졌습니다. 그는 자신과 친분이 있었던 시닌 교수의 조언을 따라 니트로글리세린이라는 물질을 연구했습니다. 그것을 이용해 더 뛰어난 폭약을 만들려고 노력했지요.

　'어떻게 하면 이 니트로글리세린이 더 강하게 반응할 수 있을까?'

　이것저것 도전해 보았지만 별다른 결과를 얻을 수 없었습니다. 노벨은 자신이 원하는 대로 일이 풀리지 않자 실망을 많이 했어요. 하지만 그는 포기하지 않고 다른 방법을 시도하며 실험을 진행했습니다.

　그러던 어느 날이었어요.

　"펑!"

노벨은 니트로글리세린이 반응하는 소리에 깜짝 놀랐습니다. 드디어 실험을 성공한 것이었지요. 그는 환호성을 질렀습니다.

"해냈다! 내가 드디어 해냈다!"

그 소리를 들은 형들이 다가왔습니다.

"무슨 일이야?"

"형! 내가 니트로글리세린을 이용해서 새로운 화약 만드는 방법을 발견했어! 이전 화약보다 성능이 더 좋을 것 같아."

"그래? 정말 고생했다. 실험 성공하느라 애썼어. 이제 그 방법대로 화약을 직접 만들어서 테스트해 봐야겠다!"

노벨은 약간 걱정이 앞섰습니다.

"실험을 성공하기는 했는데……. 정말 화약으로 만들었을 때도 성공할 수 있을까?"

"잘할 수 있을 거야."

그들은 노벨의 실험 결과를 토대로 니트로글리세린을 이용한 폭약을 만들었습니다. 그리고 폭발시켜 보았지요.

"쾅!"

테스트는 성공적이었습니다. 노벨은 니트로글리세린 화약 특허를 얻은 뒤, 가족들과 함께 스톡홀름에 화약 공장을 세웠어요. 그리고 사업을 키웠습니다. 하지만 기쁨은 오래가지 않았습니다. 공장에서 폭발 사고가 일어났기 때문이지요. 노벨의 남동생 에밀은 그 자리에서 세상을 떠나고 말았습니다.

노벨은 무척 슬펐습니다. 이제 그는 안전한 폭약을 만들기로 결심했습니다. 기존에 있던 폭약은 옮길 때 조금이라도 실수를 하면 터져 버렸기 때문에 사고를 많이 일으켰어요. 그래서 이런 단점을 개선해야 했습니다.

"사람들이 안전하게 쓸 수 있는 폭약을 만들어야겠어."

노벨은 예전처럼 다양한 실험을 하며 자신이 원하는 결과를 얻기 위해 노력했습니다. 그리고 마침내 들고 다니기에 안전하고, 폭발력은 더 강력한 다이너마이트를 발명했지요. 다이너마이트는 바위를 부술 때 무척 유용해서, 여러 곳에서 이용되었습니다.

그러던 어느 날, 프랑스와 러시아 사이에서 전쟁이 일어났습니다. 이때 전투에 참여한 군인들이 다이너마이트를 이용해 사람들을 많이 죽였지요. 그 소식을 들은 노벨은 엄청난 책임감을 느꼈습니다.

'내가 만든 다이너마이트로 사람들이 많이 죽었군. 폭약이 이렇게 사용될 줄이야……. 사람들이 많이 죽게 된 것은 내게도 어느 정도 책임이 있어. 그러니 앞으로는 인류 발전을 위해 노력한 사람들을 도와야겠어.'

그는 세계 평화와 인류의 발전을 위해 자신이 어떤 일을 할 수 있을지 곰곰이 생각했습니다. 그리고 자신의 생각을 유언장에 썼습니다.

'제 유산의 일부를 병원과 의학 연구소 등 사람을 살리는 여러 단체에 기부해 주세요. 그 외에 나머지 돈은 스톡홀름 학술원에 기증하고 싶습니다. 학술원은 이 돈에서 나오는 이자를 이용해 상금을 마련해 주세요. 저는 세계 평화에 공로가 큰 사람, 뛰어난 문학 작품을 쓴 사람, 과학과 경제학에서 뛰어난 성과를 거두어 인류의 발전에 기여한 사람에게 상과 상금을 주고 싶습니다.'

노벨이 세상을 떠난 뒤, 사람들은 그의 유언에 따라 노벨상 수상식을 열었습니다. 나중에 노벨상은 세계에서 가장 권위 있고, 유명한 상이 되었습니다.

자세히 알아보자
책임감

책임감이란 맡아서 해야 할 임무나 의무를 중요하게 여기는 마음입니다.

노벨은 자신이 만든 폭약이 사람의 목숨을 빼앗는 데 쓰인다는 것을 알고 책임감을 느꼈습니다. 그래서 노벨상을 만들어 인류의 평화와 발전에 공로가 있는 사람에게 시상을 하기 시작했지요. 현재 노벨상은 세계에서 가장 유명한 상이 되었습니다.

학교에서 자신이 맡은 구역을 열심히 청소하는 일, 학생으로서 수업을 잘 듣고 열심히 공부하는 일, 집 안에서 자신이 맡은 역할을 하는 일 등을 중요하게 여기며 잘 수행하면 책임감이 있는 것입니다. 반대로 이것들을 가볍게 여기고, 대충하면 책임감이 없는 것이지요. 사람들이 모두 책임감을 갖지 않고 행동한다고 가정해 봅시다. 경찰은 도둑을 잡는 데 신경을 쓰지 않고, 소방관이 불을 끄는 것을 중요하지 않게 생각한다면 어떤 일이 벌어질까요? 아마 모두 피해를 볼 것입니다. 그러므로 우리는 어떤 일을 할 때 그에 대한 책임감을 가져야 합니다.

겸손했던 과학자 마이클 패러데이

3학년 도덕 2단원

　대장장이의 아들로 태어난 마이클 패러데이는 어린 시절에 가정 형편이 어려웠습니다. 빵 한 덩어리를 받으면 그 빵을 여러 조각으로 나누어 일주일 동안 버텨야 할 정도로 가난했지요. 학교에서 패러데이가 형 이름을 잘 발음하지 못하자, 선생님이 체벌을 했습니다. 그러자 이에 불만을 품은 어머니가 학교를 자퇴시키고, 일주일에 한 번만 수업을 듣게 했지요. 결국 패러데이는 초등학교도 제대로 졸업하지 못했습니다.

　패러데이는 이런 상황 속에서도 좌절하지 않았습니다. 그는 어린 나이에 제본소에서 책을 묶는 일을 하면서 독서를 많이 했습니다. 그리고 이 시기에 과학에 흥미를 갖게 되었지요. 그러던 어느 날, 제본소 손님 중 한 명이 영국 왕립 연구소의 과학 공개 강의 입장권을 선물해 줍니다. 덕분에 패러데이는 당시 과학자로 유명했던 험프리 데이비 교수의 강의를 들을 수 있었지요. 그곳에서 큰 감명을 받은 패러데이는 험프리 데이비 교수 밑에서 일하고 싶어졌습니다. 그래서 그에게 편지를 보냈습니다.

　'안녕하세요? 저는 마이클 패러데이라고 합니다. 제가 평상시 과학에 흥미가 많아, 강연이 있을 때마다 찾아가서 들었습니다. 개인적으로 화학 실험도 해

보았지요. 그러던 중 교수님의 강연을 보고 깊은 감명을 받았습니다. 저는 교수님의 조수가 되어 과학 연구에 일생을 바치고 싶습니다. 제가 여태까지 기록한 노트를 이 편지와 함께 보내 드립니다. 같이 일하고 싶습니다.'

이 편지를 본 데이비는 패러데이를 불렀습니다.

"자네 편지는 잘 받아 보았네. 마침 내가 실험하다가 폭발 사고를 겪어서 눈 상태가 좋지 않네. 그래서 일을 도와줄 조수가 필요해. 자네가 도와주겠나?"

"네! 열심히 돕겠습니다."

패러데이는 자신이 존경하던 사람 옆에서 일을 할 수 있어서 꿈만 같았습니다.

"좋아, 그러면 앞으로 연구실에 올 때마다 이 비커들을 깨끗이 닦아 놓게."

데이비는 그에게 허드렛일을 주었어요. 월급도 제본소보다 적었습니다. 게다가 같이 일하는 사람들은 패러데이가 가난하고 무식하다며 무시했습니다.

"초등학교도 못 나왔으면서 어떻게 과학을 하겠다는 거지?"

패러데이는 이런 말을 들어도 좌절하지 않았습니다. 그는 오히려 더 열심히 일을 했어요. 또한 연구실에서 진행되는 실험을 이해하기 위해 악착같이 공부했습니다.

데이비 교수는 패러데이가 성실히 행동하는 모습을 보고, 점차 과학과 관련된 연구 과제를 주며 직접 가르치기 시작했습니다. 수학, 과학을 잘 몰랐던 패러데이는 실험을 반복하면서 꾸준히 과학을 연구했습니다. 나중에는 데이비 교수와 함께 유명한 과학자들을 만나면서 지식을 넓혔지요.

그 뒤 패러데이는 데이비 교수의 추천으로 왕립 연구소 직원으로 일하게 되었습니다. 그곳에는 무척 좋은 실험 장비가 많았어요. 그래서 패러데이는 자신이 연구하고 싶었던 것을 마음껏 연구할 수 있었습니다.

패러데이는 자기장의 변화가 전류를 발생시킬 수 있다는 것을 실험으로 증명했습니다. 오늘날 냉장고, 세탁기 등에 사용하는 발전기의 원리가 담긴 실험이었지요. 그는 영국뿐만 아니라 외국에서도 유명한 과학자가 됩니다. 그러자 여러 사람들이 그를 높은 자리에 앉히려고 했지요.

"이번에 왕립 학회 회장직을 맡아 주세요. 당신처럼 능력 있고 위대한 과학자가 대표를 맡아야 하지 않겠습니까?"

"패러데이 씨, 왕립 연구소 소장을 맡아 주실 수 있겠습니까?"

패러데이는 그때마다 겸손하게 거절했습니다.

"저는 그럴 자리에 오를 자격이 없습니다. 초등학교도 나오지 못했는걸요. 저보다 더 훌륭한 사람이 많습니다. 그러니 다른 분들을 찾아보세요."

그는 심지어 영국의 빅토리아 여왕이 기사 작위를 내리려고 할 때도 정중히 거절했어요.

"여왕님, 저는 작위를 받을 수 없습니다. 저보다 우리나라를 위해 더 뛰어난 일을 한 사람이 많습니다. 그분들에게 기사 작위를 주시지요."

그는 항상 자신을 낮추며 겸손하게 살았습니다.

나중에 나이가 많이 들었을 때 영국 정부는 마이클 패러데이에게 다음과 같이 제안했습니다.

"웨스트민스터 사원에 뉴턴같이 유명한 사람들이 묻혀 있습니다. 패러데이

씨도 우리나라의 과학을 발전시켰으니, 나중에 그곳에 묘지를 만들려고 합니다. 괜찮겠지요?"

"저는 그곳에 묻힐 만한 대단한 사람이 아닙니다. 그냥 작은 공동묘지에 묻어 주세요."

그는 세상을 떠날 때까지도 겸손한 태도를 보였습니다. 그래서 주변 사람들은 그를 더 좋아했으며, 좋은 과학자로 기억했지요.

자세히 알아보자
겸손

겸손이란 남을 존중하고 자기를 내세우지 않는 태도를 뜻합니다.

마이클 패러데이는 뛰어난 과학자였음에도 자신을 내세우지 않고 겸손한 태도를 보였습니다. 그래서 사람들이 그를 더 존경하고, 훌륭한 사람이라고 기억을 했지요.

요즘에는 자신의 재능과 장점을 남에게 보여 주는 것이 좋다고 합니다. 하지만 이런 태도가 과해서 다른 사람을 무시한다면, 주변 사람들로부터 미움을 받을 수도 있지요.

세상에는 우리보다 더 뛰어난 능력을 가진 사람이 있습니다. 그 사람이 여러분을 무시하면 기분이 나쁘겠지요? 그러므로 우리는 겸손한 태도를 가지며 다른 사람을 존중해야 합니다.

# 공정한 세상을 만들고 싶었던 마틴 루서 킹
5학년 1학기 사회 2단원

　마틴 루서 킹은 어렸을 때부터 흑인이라는 이유로 차별을 받았습니다. 당시에 흑인들은 '백인용'이라고 표시되어 있는 곳은 함부로 이용할 수 없었습니다. 그는 이런 상황에 대해 불만을 가졌어요.
　'왜 세상은 공정하지 못하지? 같은 사람인데 피부색이 다르다는 이유로 이렇게 차별 대우를 받아도 되는 것인가?'
　그는 차별 없이 모두가 존중받는 공정한 세상을 꿈꿨습니다. 마틴 루서 킹은 흑인도 훌륭한 일을 할 수 있다는 것을 보여 주기 위해 열심히 공부했습니다. 그리고 평등과 자유를 이야기할 수 있는 목사가 되었지요.
　그러던 어느 날이었어요. '로자 파크스'라는 흑인 부인이 버스에 탔습니다. 당시 버스에는 흑인 자리가 따로 있었습니다. 파크스 부인은 백인 전용 자리 바로 뒤편에 있는 흑인 전용 자리에 앉았어요. 버스가 이동하면서 사람들을 더 태웠습니다. 어느덧 흑인 전용 자리와 백인 전용 자리가 꽉 찼습니다. 그 뒤에도 많은 사람들이 버스를 탔습니다. 이때 몇몇 백인들이 자리에 앉지 못하고 서 있자, 버스 기사가 차를 멈추어 세웠어요. 그리고 파크스 부인이 있는 자리를 백인 전용 자리로 바꾸더니 소리를 질렀습니다.

"여기 서 있는 백인 손님 안 보여? 빨리 일어나서 저 뒤로 가!"

그 말을 들은 흑인 세 명이 일어나서 뒤로 갔습니다. 하지만 파크스 부인은 혼자서 자리를 지켰어요. 그 모습을 본 운전기사가 화를 냈습니다.

"당신은 왜 안 일어나는 거지?"

"제가 일어나야 할 이유가 없는데요?"

운전기사는 언성을 높였습니다.

"어쭈! 내 말 안 들어? 지금 안 일어나면 경찰 부를 거야."

"마음대로 하세요."

운전사는 결국 경찰을 불렀습니다. 경찰은 부인을 붙잡고 물었습니다.

"부인, 왜 법을 어겼습니까?"

"저는 원래 흑인 전용 좌석에 앉아 있었는데 운전기사가 갑자기 백인 전용 좌석으로 바꿨습니다. 그러니 자리를 비켜 줄 필요가 없지요. 이게 잘못된 건가요?"

"어쨌든 흑인 전용 좌석을 지키지 않았군요! 당신을 체포하겠습니다."

한편 이 소식을 들은 마틴 루서 킹은 온몸이 떨렸어요.

"같은 사람인데 왜 이런 차별을 받아야 합니까? 이 사회는 공정하지 않습니다. 버스 안 타기 운동을 벌여서 우리의 힘을 보여 주어야 합니다!"

그는 다른 흑인들과 함께 파크스 부인 사건을 알리고, 버스 안 타기 운동을 벌였어요.

"여러분! 버스 안 타기 운동에 동참해 주십시오. 더 이상 굴욕적인 차별을 받을 수 없습니다."

흑인들은 직장에 가거나 학교에 갈 때 버스를 타지 않고 걸어갔습니다. 그리고 먼 거리를 이동해야 할 경우에는 택시를 타거나, 다른 사람의 차를 함께 타고 다녔어요. 대부분의 흑인들이 버스 안 타기 운동에 동참했습니다. 1년간 이어진 이 운동은 마침내 결실을 거두었습니다.

　체포되었던 로자 파크스 여사가 풀려났고, 법원에서는 피부색에 따라 버스 좌석 나누는 것을 금지했어요. 마틴 루서 킹은 비폭력 운동으로 문제를 해결할 수 있다는 것을 사람들에게 보여 주었습니다.

　그 뒤 마틴 루서 킹은 인권 운동을 이어 나갔습니다. 그는 워싱턴에서 인종 차별에 반대하는 평화 행진 대회를 열어 사람들에게 감동을 주는 연설을 했어요.

　"제게는 꿈이 있습니다. 제 아이들이 피부색이 아니라 인격에 따라 평가받는 그런 나라에 살게 되는 날이 오리라는 꿈입니다!"

　그는 공정한 사회를 위해 인종 간 차별을 없애고, 인권을 존중해야 한다고 주장했습니다.

　"캘리포니아의 굽이진 산에서 자유가 울려 퍼지도록 합시다! 조지아의 스톤 산에서도 자유가 울려 퍼지도록 합시다! 미시시피의 모든 언덕에서도 자유가 울려 퍼지게 합시다! 모든 산으로부터 자유가 울려 퍼지도록 합시다!"

마틴 루서 킹은 흑인의 인권을 위해 일생을 바쳤습니다. 그 노력을 인정받아 노벨 평화상도 받을 수 있었지요.

　하지만 이런 마틴 루서 킹의 노력에도 몇몇 백인들은 인권을 존중하지 않았어요. 흑인들이 버스를 기다리는 정류장에 폭탄을 설치하거나, 파이프로 때리는 등 폭력적인 행위를 일삼았습니다. 마틴 루서 킹은 이에 굴복하지 않았어요. 그는 자신이 꿈꾸던 공정한 사회를 만들기 위해 흑인의 투표권을 요구하며 행진을 했고, 결국 흑인들의 투표권도 얻어 냈습니다. 그는 차별 문제를 하나씩 해결해 나갔습니다.

자세히 알아보자 — 공정

공정이란 올바른 정의의 관점에서 공평함을 추구하는 것을 뜻합니다.

마틴 루서 킹은 피부색 때문에 차별받는 흑인들의 인권을 지키기 위해 평화 시위를 했습니다. 그리고 여러 인권 운동을 하면서, 자유롭고 공정한 세상을 만들기 위해 노력을 했지요.

공정한 생활을 하기 위해서는 다른 사람을 존중하고, 부당한 대우를 받는 사람을 보호하며, 모든 사람이 자신의 정당한 몫을 받을 수 있도록 도와주어야 합니다. 학급 회의 시간에 친한 친구에게만 계속 발표 기회를 주거나, 게임을 할 때 좋아하는 사람의 편만 드는 것은 공정하지 못한 것입니다. 이렇게 되면 억울한 친구들이 생기고 불만을 갖게 됩니다. 그뿐만 아니라 서로를 믿지 않으며 친구 사이가 나빠지겠지요. 공정하지 못한 사회나 단체는 금방 무너집니다. 그러므로 모든 사람들이 정당한 대우를 받을 수 있도록 공정한 태도를 지녀야 합니다.

생명 존중을 실천한 슈바이처

3학년 도덕 6단원

　슈바이처는 어렸을 때 숲에서 친구들과 놀 때가 많았습니다. 그러던 어느 날 한 친구가 슈바이처에게 제안을 했습니다.
　"우리 숲에서 노는 거 지겹지 않아? 다른 거 하고 놀래?"
　"좋은 생각이야. 뭐 하고 놀지?"
　슈바이처가 묻자 친구가 나무 막대를 주우며 말했어요.
　"새총을 만들어 보는 것은 어때?"
　"새총은 왜?"
　"새에게 한번 쏴 보자. 정말 새를 잡을 수 있는지 보는 거야."
　"음……, 그래."
　슈바이처는 내키지 않았지만 친구가 실망하는 모습을 보기 싫어서 그러자고 대답했지요. 그들은 고무줄을 가져온 뒤, 나뭇가지로 새총을 만들었어요.
　"우아! 드디어 완성이다! 한번 잘되는지 볼까?"
　친구가 돌멩이를 집어 든 뒤, 바닥을 향해 새총을 쏘았습니다.
　"퍽!"
　돌이 박힌 곳의 땅이 움푹 파였습니다.

"이거 맞으면 새가 죽지 않을까?"

슈바이처가 걱정스러운 얼굴로 물었습니다. 그러자 친구는 고개를 저으며 대답했어요.

"그런 걱정 하지 말고, 새나 잡으러 가자. 어디에 새가 모여 있으려나?"

"우리 새 괴롭히지 말고, 다른 거나 하고 놀자."

슈바이처가 계속 말렸지만, 친구는 막무가내였어요.

"에이, 새총 만드느라 얼마나 고생했는데 여기서 포기하니?"

그들은 새들이 있는 곳으로 갔습니다.

"저기 있다. 잘 봐, 내가 저 새 중 한 마리를 맞출 테니까. 너도 새총 들어."

친구가 돌멩이를 들어 올리고 새총에 끼웠습니다. 그리고 새를 향해 겨냥했어요. 그 순간 슈바이처가 새총을 내려놓고, 벌떡 일어나 소리를 질렀습니다.

"아! 아!"

그러자 놀란 새들이 날아가 버렸습니다. 새총을 든 친구가 화를 냈어요.

"뭐야? 왜 그래? 너 때문에 새가 다 도망가 버렸잖아!"

"미안해, 얘들아. 너무 불쌍해서 어쩔 수 없었어. 만약 새가 돌멩이에 맞았으면 죽었을 거야."

"야! 새 잡기 싫으면 너 혼자 그만두면 됐잖아! 왜 우리까지 못 잡게 만들어?"

"새들도 생명인데 함부로 다치거나 죽게 만들 수 없잖아."

친구들은 불만을 토로했습니다. 하지만 슈바이처는 생명을 살렸다는 생각에 마음이 편했어요.

슈바이처는 사람의 목숨을 살리며 봉사를 하고 싶다는 꿈이 있었습니다. 그는 대학에서 신학과 철학을 공부했지만, 꿈을 이루겠다는 생각에 다시 대학교에 가서 의학을 공부했습니다. 의사 자격을 갖춘 슈바이처는 원래 자신의 일이었던 대학 강사직을 포기하고, 아프리카로 떠났습니다. 그곳에서 죽어 가는 환자를 구하기로 마음먹었지요.

당시 유럽 사람들은 아프리카를 식민지로 삼으면서, 그곳에 사는 사람들을 무시했습니다. 생명도 하찮게 여겼지요. 그러다 보니 그곳의 의료 환경은 무척 열악했습니다. 말라리아, 폐렴, 심장병, 한센병 등 다양한 질병이 퍼져 있었고, 많은 사람들이 죽어 나가고 있었습니다.

슈바이처는 아프리카에서 의료 봉사를 했습니다. 그는 그곳에서 수많은 사람들을 살렸어요. 제일 차 세계 대전이 발발하자, 슈바이처는 프랑스군에게 잡혀갔습니다. 그가 활동한 아프리카 지역 '람바레네'는 프랑스가 지배하던 곳이었기 때문에, 독일 국적을 갖고 있는 슈바이처를 적으로 생각했던 것입니다. 그는 아내와 프랑스의 포로수용소에 갇혀 있다가 자신의 고향인 알자스 지방으로 보내졌습니다.

슈바이처는 강연과 연주회를 열면서 돈을 모았습니다. 아프리카에 다시 돌아가 의료 봉사를 할 계획이 있었기 때문이지요. 그는 람바레네 지역에서 자유롭게 봉사 활동을 하고 싶어 국적도 프랑스로 바꾸었습니다.

다시 아프리카로 온 슈바이처는 병든 사람들을 위해 끊임없이 의료 봉사를 했지요. 그는 수많은 사람들의 목숨을 살렸다는 공로를 인정받아 노벨평화상을 받게 되었습니다. 이 소식을 들은 주변 사람이 그에게 물었습니다.
　　"노벨평화상을 받는다는데 기분이 어떠신가요?"
　　"굉장히 좋습니다. 상금으로 새 병원을 지어서 아픈 사람들을 치료하고, 생명을 살릴 수 있으니까요."
　　그는 상금마저도 사람들의 생명을 살리는 데 쓸 생각을 했던 것입니다. 실제로 그는 노벨상을 통해 받은 상금으로 한센병 환자들을 위한 병원을 지었습니다.

자세히 알아보자
생명 존중

생명 존중이란 살아 있는 모든 것을 귀하게 여기고 생명에 가치를 부여하는 것을 뜻합니다. 슈바이처는 어렸을 때부터 참새의 목숨을 중요하게 여길 만큼 생명을 존중했습니다. 그는 나중에 아프리카에서 의료 봉사를 하면서 많은 사람들을 살려 냈어요.
여러분들은 주변에서 몇몇 아이들이 개미, 잠자리 같은 생물들을 호기심으로 잡은 뒤 괴롭히는 모습을 본 적이 있나요? 또는 꽃이 아름답다고 함부로 꺾는 행동을 보았나요? 이런 사람들은 생명을 존중하지 않은 것입니다. 살아 있는 모든 것들은 그 자체로 소중합니다. 우리의 존재가 가치 있듯이, 다른 사람들과 생물들도 가치가 있습니다. 그러므로 생명을 존중하는 태도를 지녀야 합니다.

자신감을 갖고 거란을 물리친 강감찬

5학년 2학기 사회 1단원

고려는 북쪽에 있는 거란과 사이가 좋지 않았습니다. 거란은 호시탐탐 고려를 침략할 기회를 엿보다가 군사를 이끌고 왔어요. 그때 서희라는 외교관이 거란과 협상을 해서 강동 6주 땅을 얻고, 전쟁을 막았습니다.

첫 번째 침입 이후, 거란은 40만 대군을 이끌고 두 번째 침략을 했습니다. 고려군은 끊임없이 저항을 하였고, 이에 지친 거란군은 후퇴를 했지요.

그 뒤, 복수의 칼날을 갈던 거란은 다시 고려에게 무리한 요구를 했습니다. 첫째는 강동 6주 땅을 다시 돌려줄 것, 둘째는 왕이 거란에 와서 예를 올릴 것이었습니다. 말도 안 되는 요구였기 때문에 고려는 당연히 거절을 했지요. 그러자 거란은 그것을 빌미로 소배압 장군을 내세워 10만 군사를 이끌고 쳐들어옵니다.

고려 신하는 항복하자고 하는 편과, 싸우자는 편으로 나뉘었습니다.

"폐하, 저들의 요구를 들어주어야 합니다. 그래야 전쟁으로부터 안전할 수 있습니다."

"안 됩니다. 저들이 쳐들어온 것이 벌써 세 번째입니다. 이번에 우리가 항복한다면 더 무리한 것을 요구할 것입니다."

이때 강감찬이 나섰습니다.

"제가 거란을 무찔러 다시는 고려를 침입하지 못하도록 만들겠습니다. 저를 믿고 보내 주십시오."

"알겠소. 내 그대를 믿고 병사를 내어 줄 테니 가서 승리하시오."

왕은 자신감을 가진 강감찬을 믿고 따르기로 했습니다.

강감찬은 장군들과 회의를 했어요.

"소배압이 이끄는 거란군은 분명 흥화진 쪽으로 올 것일세. 그리고 삼교천이라는 냇가를 지나려고 하겠지. 우리는 이곳에서 적을 맞이하면 되네."

그는 확신에 차 있었습니다. 장군들은 그의 말을 따라 삼교천에 갔습니다. 강감찬은 그곳에서 명령을 내렸어요.

"소가죽을 최대한 많이 구해 오너라!"

"어떤 이유 때문에 그러십니까?"

"두고 보면 알 것이다."

강감찬은 자신 있게 말했습니다. 그의 부하들은 마을로 내려가 소가죽을 구해 왔습니다. 그리고 명령에 따라 소가죽을 꿰어서 서로 이어 붙였지요.

"이제 강가 곳곳에 나무 말뚝을 박고, 그 사이를 소가죽으로 이어 붙여라."

"강물을 막을 생각이십니까?"

"그렇다. 강물을 최대한 많이 모아 두었다가 적군이 오면 이를 이용한 공격을 할 것이다."

고려군은 강감찬의 명령에 따라 만반의 준비를 했습니다.

거란군은 강감찬의 예상대로 홍화진 쪽으로 왔습니다. 그리고 강을 건너기 시작했어요. 많은 거란군이 물로 들어간 순간 강감찬이 외쳤습니다.

"지금이다! 소가죽을 찢어라!"

병사들이 소가죽을 찢자, 강물이 한꺼번에 쏟아지며 거란군을 덮쳤습니다.

"으아악! 물이 갑자기 불어났어!"

거란군이 정신을 못 차리는 사이 고려군은 공격을 감행했습니다. 이 싸움에서 거란군은 크게 졌지요. 간신히 살아남은 병사들과 소배압은 큰 피해를 입었지만, 고려 공격을 포기하지 않았습니다.

"우리는 계획대로 개경을 향해 간다. 우리가 비록 이곳에서 졌지만, 개경을 차지한다면 고려는 금방 굴복할 것이다. 어서 진군하라!"

이런 소배압의 생각을 예상했던 강감찬은 미리 군사를 보내 개경을 단단하게 지켜놓은 상태였습니다. 고려의 왕은 성문을 걸어 잠그고, 들판에 있는 곡식을 모두 없애 버렸습니다. 거란군이 먹을 수 있는 것을 아무것도 남겨 두지 않았지요.

거란군이 목적지에 닿았을 때는 먼 길을 온 탓에 지쳐 있었습니다. 게다가 들판에는 먹을 것이 아무것도 없었지요. 고려군을 몇 번 공격해 보았지만 이렇다 할 성과를 내지 못했습니다. 병사들은 추위와 굶주림에 지쳤습니다. 결국 소배압은 후퇴하기로 결정했습니다.

강감찬은 거란군이 돌아갈 때를 노리고 있었습니다. 그는 이미 군대를 이끌고 거란이 후퇴하는 길목인 귀주에 있었어요.

"거란은 분명 이 길을 지나갈 것이다. 우리는 기습적으로 공격을 해서 거란군을 무찌를 것이다. 저들이 다시는 우리나라를 침략하지 못하도록 본때를 보여 주어야 한다."

"네, 알겠습니다!"

자신감에 찬 강감찬을 본 병사들은 마음이 놓였습니다. 그들은 강감찬을 믿고 거란군과 최선을 다해 싸웠어요. 그 결과 대승을 거두었습니다. 10만 명 중 살아 돌아간 거란군은 수천 명밖에 되지 않았어요. 그 뒤 거란은 고려를 침략하지 않았습니다.

자세히 알아보자
자신감

자신감이란 어떠한 것을 할 수 있다거나, 잘할 수 있다는 등 확신에 찬 느낌과 상태를 뜻합니다. 강감찬은 거란군과의 싸움에서 이겨 낼 수 있다는 자신감을 갖고 있었습니다. 병사들은 그 모습을 보고 승리에 대한 확신을 갖고 최선을 다해 싸움에 임했지요. 그 결과 거란군과의 전투에서 승리할 수 있었습니다.

우리는 무언가를 할 때 항상 자신감을 갖도록 노력해야 합니다. 자신이 충분히 준비하거나, 알고 있는 것이 많다면 저절로 자신감이 생깁니다. 그러면 그 일을 성공할 확률이 높아지지요. '나는 할 수 있다!'라는 생각을 갖고 행동하세요.

자신의 예술 세계에 자부심을 갖고 활동한 **피카소**

3~4학년 미술 표현영역

    피카소는 어렸을 때부터 그림을 잘 그렸습니다. 그 재능을 알아본 아버지는 피카소가 미술 공부를 할 수 있도록 도왔어요. 그는 그림 그리기에 몰두하며 자신만의 작품을 만들기 위해 노력했습니다.

    그러던 어느 날, 프랑스의 한 그림 상인이 피카소에게 전시회를 열자고 제안 했어요. 피카소는 자신이 그린 그림을 파리에서 전시했고, 사람들의 좋은 평가를 받아 본격적으로 화가의 길을 걷게 되었습니다.

    피카소는 다른 미술 작가들의 작품을 공부하면서 여러 생각을 했습니다.

    '굳이 다른 사람이 그린 방식처럼 똑같이 그릴 필요가 있을까? 다른 방법을 시도해서 나만의 작품을 만들어 보자.'

    그는 가난하고 소외된 사람들의 모습을 그림에 독특한 방식으로 담아냈습니다. 그러자 동료 화가들 사이에서 칭찬을 받았어요.

    "우아! 자네 작품은 정말 독특해! 이전에 보지 못했던 새로운 느낌이야."

    피카소는 사람들의 찬사에 만족하지 않았습니다. 그는 작품을 만들 때 또 다른 시도를 해 보았어요. 이번에는 어두운 느낌의 푸른색을 덜 쓰면서, 밝은 느낌의 붉은색을 더 썼습니다. 그는 절대 한 방식에 머무르지 않았습니다.

피카소는 고대 조각품에 대해 연구를 하던 중, 또다시 영감을 받았습니다.

"이번에는 평면에 입체의 여러 면을 나타내 볼까? 여태 이런 방식으로 그린 그림이 없었으니 내가 시도해 보자."

그는 화실에 틀어박혀 자신만의 독특한 아이디어를 그림으로 표현했습니다. 그리고 마침내 「아비뇽의 처녀들」이라는 작품을 만들어 냈지요. 그는 이것을 주변 사람들에게 보여 주었습니다. 하지만 그들의 반응은 냉담했어요.

"어? 이번 그림은 정말 별로인 것 같아. 도대체 뭘 그린 건지 이해할 수 없어!"

"피카소, 자네는 이번에 실패한 것이 확실해. 이건 절대 그림이 아니야. 이런 그림을 계속 그리다가는 가난했던 시절로 돌아갈 거야."

친구들마저도 피카소를 비웃으며 비판했습니다. 피카소는 그때마다 말했어요.

"전통적인 방식으로 그리지 않았다고 해서 미술 작품이 아닌가요? 보이는 그대로 그리는 것은 사진으로 대체할 수 있습니다. 그러면 굳이 그림을 그릴 필요가 없지요. 제 작품의 가치는 제가 판단합니다."

피카소는 자신이 그린 작품에 대한 확신이 있었습니다. 그는 자존감이 높은 사람이었기 때문에 좌절하지 않았어요.

한번은 한 화가가 고양이를 그린 그림을 가져와 피카소를 비꼬았습니다.

"저는 이렇게 그림을 잘 그릴 수 있습니다. 그런데 당신 그림은 아이들도 그릴 수 있을 것 같군요. 이걸 작품이라고 내걸다니 부끄럽지 않습니까?"

피카소는 화가의 말을 들으면서 몇 분간 스케치를 했습니다. 그리고 완성한 그림을 그에게 보여 주며 말했습니다.

"이런 그림 말하는 것입니까?"

피카소는 상대방이 그린 고양이 그림을 몇 분 만에 똑같이 그려 낸 것입니다. 그러자 부끄러움을 느낀 화가는 피카소에게 사과를 하고 떠났어요.

이처럼 피카소는 주변 사람들의 비난에 쉽게 휘둘리지 않았습니다. 오히려 다른 사람과의 차이점을 더욱 발전시켜서 자신만의 그림을 그려 나갔습니다. 시간이 흐른 뒤, 그의 작품은 다른 사람들로부터 인정을 받기 시작했습니다. 많은 사람들이 그의 작품을 볼 때마다 감탄했어요.

"이 작품은 이전에 없었던 방식의 작품이야. 미술사에 한 획을 그었어!"

피카소는 그러한 칭찬에 만족하지 않고, 또 새로운 방식을 연구하며 예술 활동을 이어 나갔습니다.

그러던 어느 날, 한 여인이 파리의 카페에 앉아 있는 피카소에게 다가가서 말을 걸었습니다.

"어? 혹시 그 유명한 화가 피카소 아니세요?"

"네, 맞습니다."

"혹시 제 모습을 그려 줄 수 있으세요? 돈이라면 얼마든지 드리겠습니다."

"네, 알겠습니다."

피카소는 그녀의 모습을 보고 몇 분 만에 그림을 완성시켰습니다. 여인은 그림을 보며 물었어요.

"감사합니다. 그림값으로 얼마를 드리면 될까요?"

"네, 50만 프랑(당시 한국 돈으로 약 8천만 원) 주시면 됩니다."

여인은 깜짝 놀라면서 항의했어요.

"50만 프랑 씩이나요? 그림 그리는 데 겨우 몇 분밖에 걸리지 않았잖아요?"

피카소는 태연하게 대답했습니다.

"아닙니다, 저는 당신을 이렇게 그리는 실력을 얻기까지 40년이라는 시간이 걸렸습니다."

피카소는 자신의 작품에 자부심이 있었기에 이렇게 대답할 수 있었던 것이지요.

자세히 알아보자 - 자존감

자존감이란 자신에 대한 믿음, 존중 등이 다른 사람들의 인정과 칭찬에 의해 만들어지는 것이 아니라 자기 스스로에 의해 만들어지는 의식을 뜻합니다.

피카소는 자존감이 높았습니다. 그래서 주변 사람들이 자신의 작품에 대해 뭐라고 비판하더라도, 흔들리지 않았지요. 그는 자신의 기준을 세워 스스로의 작품을 평가하고 예술 활동을 이어 나갔습니다. 만약 피카소가 자존감이 높지 않았다면 우리는 그의 독특한 작품을 보지 못했을 것입니다.

학교생활을 하다 보면 선생님, 친구들로부터 다양한 평가를 듣습니다. 인정과 칭찬을 받으면 기분이 좋지만, 비난과 비판을 들으면 기분이 나쁘지요. 자존감이 낮으면 주변 사람들의 반응에 쉽게 휩쓸리며 우울증에 걸릴 수 있습니다. 그러므로 스스로의 기준을 세워 자존감을 높여야 합니다.

자신이 추구하는 바를 실천으로 옮겼던 가우디

3~4학년 미술 감상영역

　가우디는 어렸을 때 몸이 좋지 않았습니다. 관절염을 앓기도 했어요. 그래서 그는 여름 별장에서 긴 시간을 보내야 했습니다. 그곳에서 오래 지낸 덕분에 가우디는 자연의 아름다움에 대해 알 수 있었습니다.

　그는 건축가가 되려는 꿈을 갖고 있었어요. 그래서 바르셀로나로 이사를 간 뒤, 건축 전문학교에 입학해 건축을 공부했습니다. 그는 일반 학생들과 달랐습니다. 다른 사람들이 상상하지도 못했던 건축물을 설계했기 때문이지요. 그의 작품은 언제나 교수들과 학생 사이에서 화젯거리였습니다. 가우디를 좋아하는 사람은 많이 좋아했지만, 싫어하는 사람은 그의 설계를 도저히 이해할 수 없었습니다.

"자네는 왜 기존의 방식대로 건물을 설계하지 않나?"

교수의 물음에 가우디는 당당하게 말했습니다.

"네, 교수님. 저는 이전에 있던 방법 그대로 하는 것보다 새로운 것을 만들어 보고 싶습니다."

"기존 것을 충분히 배우고 익힌 뒤에 해도 늦지 않네. 그래야 실력이 늘 것이야. 처음부터 이상한 시도를 하면 나중에 이도 저도 아닌 것을 만들게 될 걸세."

하지만 가우디는 자신이 고안한 설계를 고치지 않았습니다. 계속 자신만의 방식을 밀고 나갔지요.

대학교 졸업식 날, 대학교 학장이 가우디에게 졸업장을 주면서 이런 말을 남겼습니다.

"우리가 지금 건축사 칭호를 천재에게 주는 것인지, 아니면 미친 사람에게 주는 것인지 모르겠군요. 시간이 우리에게 말해 줄 것입니다."

그 말을 들은 가우디는 지지 않고 대답했습니다.

"저도 잘 모르겠습니다, 교수님. 하지만 진정한 건축가가 누구인지는 시간이 알려줄 것입니다."

그 뒤, 가우디는 여러 건축물 설계를 맡게 되었습니다. 그는 자신이 구상하고 계획했던 것을 실천했지요. 그 결과 멋진 건축물들을 만들 수 있었습니다. 시간이 갈수록 가우디는 점점 사람들 사이에서 유명해졌습니다.

가우디가 명성을 떨치자 예술을 사랑하며, 돈이 많은 사업가인 '구엘'이 그에게 관심을 가졌습니다. 구엘은 자신의 경제적 능력을 이용해 바르셀로나를 아름다운 곳으로 만들고 싶었습니다. 그리고 그 꿈을 이루어 줄 사람이 가우디라는 것을 직감했지요.

구엘은 우선 가우디에게 별장을 만들어 달라고 했습니다. 가우디는 바르셀로나 지방에서 많이 들었던 이야기를 떠올리며 대문을 용으로 장식하고, 건물 겉은 꽃무늬로 화려하게 꾸몄어요. 구엘은 나중에 완성작을 보고 감탄했습니다.

"정말 대단해! 어떻게 이렇게 아름답게 만들 수 있지?"

"옛이야기를 떠올리며 멋진 용 모양을 문에 넣었습니다. 그리고 빛 같은 자연 물질이 건물과 어울리도록 설계했지요."

"자네처럼 이렇게 멋진 건축물을 만들 수 있는 건축가를 여태 본 적이 없네. 앞으로도 나와 일을 같이 해 보지 않겠나?"

"칭찬 감사합니다. 저도 구엘 씨와 함께하고 싶습니다."

"좋아. 내가 가진 땅이 있는데 그곳을 공원처럼 꾸미고 고급 주택을 짓고 싶네. 자네가 맡아서 해 줄 수 있나?"

"좋습니다. 현장을 살펴보고 그에 알맞게 계획을 세우겠습니다."

구엘은 가우디에게 금전적으로 지원을 해 주며 아름다운 주택 단지를 짓도록 요구했습니다. 구엘이 갖고 있는 땅은 바위가 많고, 경사가 심한 곳이어서 사실 건물을 만들기가 쉽지 않았어요. 하지만 가우디는 그의 제안을 받아들였습니다. 그는 자신의 생각을 마음껏 펼치며 정원, 앞다당, 조각상 등을 설계했습니다. 그리고 자연과 어울리는 건물들을 만들어 냈어요. 그가 만든 독특한 형태의 건물들은 이전 사람들이 한 번도 보지 못한 양식이었습니다. 비록 예산이 부족해 공사가 중단되고, 집도 한 채밖에 팔리지 않았지만, 스페인에서 최고의 공원으로 손꼽히는 '구엘 공원'을 만들어 냈습니다.

구엘과 가우디의 관계는 단순히 건축가와 고객 사이가 아니었습니다. 서로의 꿈을 위해 돕는 동반자나 마찬가지였지요. 가우디는 구엘의 후원을 받으며 예술적 감각이 뛰어난 건물을 만들었습니다.

가우디는 나중에 '성가족 대성당' 건축을 맡게 되었습니다. 원래 그 건물은 가우디가 처음부터 설계한 것이 아니었습니다. 기존 건축가가 성당 공사를 맡긴 사람과 의견이 달라서 그만두자, 가우디가 그 뒤를 이은 것이었지요. 가우디는 이미 설계되었던 부분을 없애고, 다시 자신만의 방식으로 설계를 했습니다. 이 거대한 공사에는 돈이 많이 필요했습니다. 그래서 가우디가 직접 돌아

다니면서 건축 모금을 할 정도였지요. 공사는 더디게 진행되었습니다. 돈이 마련될 때마다 공사를 할 수 있었기 때문이지요. 그는 세상을 떠날 때까지 이 건물을 짓는 데 몰두했습니다. 이 건물은 아직도 미완성이지만 많은 사람들에게 사랑받고 있습니다.

자세히 알아보자
실천

실천이란 생각한 것을 실제 행동으로 옮기는 것을 뜻합니다.

가우디는 자연과 어우러진 아름다운 건축물을 좋아했습니다. 그래서 기존 방식이 아닌 자신만의 생각으로 건축 설계를 했어요. 대학교 때 교수님이 이를 좋게 보지 않았지만, 그는 생각을 바꾸지 않았습니다. 오히려 실제 건축물을 만들며 자신이 계획한 것을 실천했지요.

실천은 무척 중요합니다. 아무리 많이 배우고, 깊게 생각하더라도 실천하지 않으면 원하는 결과를 얻을 수 없습니다. 충분히 준비를 하고, 확신이 있다면 이를 직접 행동으로 옮길 수 있는 실천 능력이 중요합니다. '시작이 절반이다.'라는 말이 있습니다. 그만큼 어떤 일을 실천으로 옮기기는 어렵다는 뜻이지요. 일단 시작해 보세요. 잘못된 것이 있거나 실수가 있다면 고쳐 나가면 됩니다.

5~6학년 음악 감상영역

"여기 뛰어난 재능을 가진 청년 베토벤입니다. 제가 음악을 들었는데 그가 작곡한 곡이 정말 뛰어나더군요."

발트슈타인 백작은 자신과 친분이 있던 베토벤을 당시에 유명한 작곡가였던 하이든에게 소개했습니다.

하이든은 베토벤을 보고 반갑게 인사했어요.

"아! 자네가 바로 베토벤이군!"

"네, 만나서 영광입니다."

베토벤은 유명한 작곡가를 만날 수 있어서 기뻤습니다. 하이든 또한 그에게 관심이 많았습니다.

"혹시 자네가 작곡한 곡을 보여 줄 수 있겠나?"

"네, 보여 드리겠습니다."

하이든은 베토벤이 작곡한 곡의 악보를 보고 놀랐습니다.

"오! 정말 놀라워. 젊은 나이인데도 이렇게 훌륭한 곡을 만들었다니! 조만간 한 번 더 보세!"

하이든은 나중에 베토벤을 다시 만났습니다. 그리고 그에게 제안을 했어요.

"자네 작곡 능력이 엄청 뛰어나네. 혹시 나와 함께 런던에 가지 않겠나? 자네처럼 재능이 있는 사람이 내 제자가 된다면 더 훌륭한 곡을 많이 만들 수 있을 걸세."

베토벤은 뛸 듯이 기뻤습니다.

"네, 오늘부로 스승님으로 모시겠습니다. 많이 가르쳐 주십시오."

베토벤이 하이든의 제자가 되었다는 소식을 들은 발트슈타인 백작은 그를 축하해 주었습니다. 그리고 조언을 했습니다.

"하이든은 최고의 작곡가이네. 그의 손을 통해서 모차르트의 정신도 배우게."

"네, 조언 감사합니다."

베토벤은 많은 기대를 갖고 하이든을 따라갔습니다.

하지만 기대감은 그리 오래가지 않았어요. 하이든은 많이 바빴는지 베토벤에게 과제를 내기만 하고 꼼꼼히 가르치지 않았습니다.

"자! 오늘은 이 곡을 공부해 봐. 나는 잠시 약속이 있어서 나갔다 오겠네."

"스승님! 작곡하는 것은 언제 배우나요?"

"먼저 다른 곡을 공부해 보게나. 작곡을 잘하기 의해서는 다른 작품들도 익혀야 하거든!"

　베토벤은 처음에는 군말 없이 하이든의 지시를 따랐습니다. 하지만 이런 일이 반복되니 서운한 마음이 생겼습니다. 그는 훗날 제자에게 이런 말을 하기도 했습니다.

　"나는 하이든에게서 배운 것이 하나도 없어!"

　베토벤은 불만을 가졌지만 하이든은 계속 그를 제자로 여기고 있었습니다. 하이든은 다른 사람에게 항상 베토벤을 자랑했어요.

　"베토벤은 앞으로 유럽의 가장 위대한 작곡가가 될 것입니다. 그리고 저는 한때 그의 스승이었다는 것을 자랑스럽게 말하고 다닐 수 있겠지요."

　하지만 베토벤과 하이든의 사이는 시간이 갈수록 멀어졌습니다.

　하이든은 베토벤을 혼자 내버려 둔 채 런던을 떠났습니다. 홀로 남은 베토벤은 다른 사람들을 만나면서 음악을 배웠습니다. 하이든은 비록 베토벤과의 관계는 멀어졌지만, 여전히 그를 아끼고 있었어요. 하이든은 훗날 가면무도회에 사용할 춤곡을 베토벤이 작곡할 수 있도록 일을 주선해 주기도 했습니다. 그리고 베토벤이 책을 낼 때 하이든이 이렇게 제안하기도 했습니다.

　"베토벤, 작곡자 쓰는 부분에서 자네 이름 아래쪽에 '하이든의 제자'라고 써 넣는게 어떻겠어?"

　"제가 알아서 하겠습니다."

베토벤은 아직 화가 풀리지 않았기 때문에 스승의 제안을 그냥 무시해 버렸습니다. 하이든은 자신을 스승으로 인정해 주지 않자 곤혹스러움을 느꼈어요.

비록 하이든이 직접 베토벤을 가르치지는 않았지만, 베토벤이 작곡한 곡을 살펴보면 스승의 영향을 많이 받았다는 사실을 알 수 있습니다. 세월이 흐르자, 베토벤은 하이든에 대한 분노가 줄어들었어요. 그리고 스승에게 감사하는 마음이 점차 생겨났습니다. 결국 그는 하이든을 용서하기로 했습니다.

베토벤은 하이든의 76회 생일을 축하하는 콘서트에 참석했습니다. 그리고 하이든의 연주가 끝난 뒤, 그의 앞에 무릎을 꿇고 손에 입을 맞추었어요.

"스승님, 과거의 괴로움과 원망은 이제 없습니다. 저는 스승님을 언제나 존경하고 사랑합니다."

베토벤이 관용을 베푼 것이지요. 그는 스승인 하이든을 위대한 작곡가로 인정하며 화해의 길을 택했습니다.

자세히 알아보자
관용

관용이란 다른 사람의 잘못 따위를 너그럽게 받아들이거나 용서하는 것을 뜻합니다. 베토벤은 원래 자신의 뜻을 잘 굽힐 줄 모르는 사람이었습니다. 그런 그가 하이든과 관계가 틀어졌을 때 화해하기는 쉽지 않았지요. 하지만 세월이 흐른 뒤, 그는 스승을 용서했습니다. 그리고 존경한다고까지 말했어요. 관용을 실천하는 것은 결코 쉽지 않습니다. 다른 사람이 자신에게 잘못한 것이 있다면 그에 대한 감정이 오래가기 때문이지요. 하지만 이 어려움은 한 번 극복하고 나면 마음이 편해집니다. 만약 친구와 오해로 인한 다툼이 있거나, 상대가 실수를 하여 우리에게 피해를 주었다면 곧장 화를 내기보다는 조금 기다려 보세요. 상대가 진심으로 사과한다면 마음 넓게 관용을 베푸는 것도 좋습니다.

사소한 것도 놓치지 않은 신중한 플레밍
5학년 1학기 과학 5단원

알렉산더 플레밍은 스코틀랜드의 한 농가에서 태어났습니다. 집안 형편이 어려웠기 때문에 그는 런던의 학교를 졸업하고 선박 회사 사무원으로 일했어요. 그의 친척 존 플레밍은 당시 이름 모를 질병에 고통을 받다가 세상을 떠났습니다. 그때 그는 친척들에게 유산을 남겼어요. 그 돈 덕분에 알렉산더 플레밍은 의대에 입학하여 의사의 꿈을 키울 수 있었습니다.

1914년, 제일 차 세계 대전이 일어났습니다. 플레밍을 포함한 많은 의료진과 의학자들은 프랑스 야전 병원으로 파견을 갔습니다. 그는 그곳에서 많은 병사들이 죽는 것을 보았습니다.

"으! 의사 선생님, 너무 아파요."

"상처 부위가 세균에 감염되었습니다. 지금 이 부위를 절단하지 않으면 다른 부위로 세균이 점점 옮겨 갈 것입니다."

그는 병균 때문에 죽을 위험에 처한 병사들을 보며 마음이 아팠습니다. 플레밍은 세균 감염 치료 연구를 하고 싶다는 생각이 커졌습니다.

전쟁이 끝난 뒤, 그는 연구실로 복귀했어요. 플레밍은 죽은 사람들을 생각하며 병균을 치료할 수 있는 방법을 연구했습니다. 그러던 어느 날, 그는 세균이 있는 접시를 들고 있다가 우연히 재채기를 했습니다.

"에취!"

플레밍의 콧물이 접시에 들어가고 말았습니다. 그런데 세균이 녹아내리는 것이 아니겠어요? 플레밍은 왜 그런 현상이 일어났는지 신중하게 연구했어요. 그리고 콧물 속에 '라이소자임'이라는 물질이 세균을 없앤다는 것을 밝혀냈습니다. 하지만 이 물질은 독성이 없는 세균에게만 효과가 있었고, 독성이 있는 세균에게는 거의 효과가 없었어요. 질병을 일으키는 세균들은 대부분 독성이 있었기에, 플레밍은 또 다른 물질을 찾기 위해 더 연구해야만 했습니다.

그는 포도상구균을 실험 대상으로 삼고, 그 병균을 없애는 방법을 찾기 위해 연구했습니다. 그러던 어느 날, 플레밍은 지친 몸을 달래기 위해 휴가를 가기로 했어요.

"휴가 좀 다녀오겠습니다. 제 실험실은 정리하지 말고 그대로 내버려 두세요."

"알겠네. 어차피 자네 실험실은 많이 어질러져 있어서 우리가 손댈 수도 없어."

연구실 동료들은 웃으며 대답했습니다.

며칠 뒤, 플레밍이 연구실로 돌아왔어요. 그런데 그곳에 도착하자마자 그는 자신이 실수를 저질렀다는 것을 깨달았습니다. 포도상구균을 기르는 접시 뚜껑을 제대로 닫지 않았던 것이었지요. 접시에는 곰팡이가 잔뜩 피어 있었습니다.

"에이! 실수로 뚜껑 안 닫고 갔다가 곰팡이만 잔뜩 피었네."

그는 접시를 쓰레기통에 버리려고 했습니다. 그런데 무언가가 눈길을 사로잡았습니다. 뭔가 이상한 점이 보였어요.

"어? 곰팡이가 폈는데 포도상구균이 없어졌네?"

다른 사람이었다면 대수롭지 않게 생각하고 그냥 접시를 버렸을 것입니다. 하지만 플레밍은 신중하게 생각했습니다.

"왜 포도상구균이 없어졌지? 그냥 우연인가?"

그는 한참 생각을 했습니다.

"우연인지 아닌지 연구해 보면 되지 않을까? 조금 더 깊게 생각해 보자. 만약 곰팡이가 이 포도상구균을 없앴다면 엄청난 발견인데……. 똑같은 상황을 또 만들어 보고 검증해 봐야겠다."

그는 자신이 본 현상을 재현해 보기로 했어요. 그래서 포도상구균이 들어 있는 접시를 여러 개 준비한 뒤, 푸른곰팡이가 자랄 수 있도록 환경을 마련해 두었습니다. 며칠 뒤, 어떤 결과가 나타났을지 살펴보았습니다. 결과는 놀라웠습니다.

"뭐야! 정말 푸른곰팡이가 포도상구균을 죽이잖아! 혹시 이게 다른 세균들도 죽이는 거 아니야? 그러면 폐렴, 디프테리아 같은 무수한 질병을 치료할 수 있을 텐데……."

그날부터 플레밍은 푸른곰팡이를 집중적으로 연구했습니다. 그리고 푸른곰팡이에서 포도상구균과 폐렴균을 죽일 수 있는 물질을 추출했습니다. 그는 이 물질에 '페니실린'이라는 이름을 붙였습니다. 나중에 옥스퍼드 대학교에서 플로리와 체인이 플레밍이 발견한 페니실린을 대량 생산하는 방법을 찾아냈습니다. 그 결과 사람들은 페니실린을 이용해 병균에 감염된 사람들을 치료할 수 있었지요. 훗날 사람들이 플레밍에게 물었습니다.

"어떻게 페니실린을 발명하신 겁니까?"

"저는 페니실린을 발명하지 않았습니다. 이것은 자연이 만들어 낸 결과물이고, 저는 그것을 우연히 발견했을 뿐입니다. 제가 남들보다 단 하나 더 나았던 것은 그런 현상을 보고 그냥 지나치지 않았다는 것입니다. 미생물학자라는 자부심을 갖고 신중하게 생각하며, 끈질기게 연구했다는 것이지요."

플레밍이 발견한 페니실린 덕분에 많은 사람들이 병균으로부터 목숨을 건질 수 있었습니다. 그는 이 공로를 인정받아 노벨 생리 의학상을 받았습니다.

자세히 알아보자

신중

신중이란 어떤 행동이나 결정을 할 때 깊게 생각하는 것을 뜻합니다.

플레밍은 자신의 실수나 우연으로 인해 생긴 현상을 대충 넘기지 않았습니다. 왜 그런 현상이 일어났는지 신중하게 생각하고 검토했지요. 그 결과 페니실린이라는 물질을 발견해 많은 사람들을 살릴 수 있었습니다.

우리는 일을 하거나 무언가를 선택할 때 신중해야 합니다. 특히 자신과 다른 사람에게 큰 영향을 끼치는 중요한 일일수록 더 깊게 생각해야 하지요. 하나의 결정이 미래를 크게 좌우할 수 있기 때문입니다. 그러니 학교에서든, 집에서든 어떤 것을 할 때 여러 번 신중히 생각해 보고 행동하세요.

우애가 빛났던 테오와 고흐

3~4학년 미술 감상영역

빈센트 반 고흐는 네덜란드 남부의 작은 시골 마을에서 태어났습니다. 그를 포함해 여섯 남매가 집에서 함께 지냈는데, 가정 형편이 좋지 못했습니다. 그래서 고흐는 열다섯 살에 학교를 그만두어야 했지요. 그는 화랑에서 일을 하며 돈을 벌었습니다. 네 살 어린 동생 테오도 그를 따라 같이 화랑에서 일했지요.

고흐는 성직자가 되려고 했으나, 그가 있던 교회에서 미움을 받아 전도사 직무를 박탈당했습니다. 그는 그 뒤 광산에서 고생하는 광부들과 함께 지냈습니다. 그러면서 그들의 모습을 그림으로 담게 되었지요. 고흐는 자신이 그곳에서 느낀 감정을 동생 테오에게 편지로 전달했습니다.

'이곳의 광부들은 힘겹고 가난하게 살고 있지만 정직하게 살아가고 있어. 이들의 값진 삶을 그림으로 세상에 전하고 싶은 것이 내 꿈이야.'

형의 진심을 느낀 테오는 그가 멋진 화가가 될 수 있다고 독려했습니다.

고흐는 몇 년 만에 집으로 돌아왔습니다. 그림 공부를 하고 싶었지만 나이도 많았고, 학교 갈 돈도 없었습니다. 그래서 혼자 그림 그리는 방법을 공부했지요. 부모님과 다른 동생들은 고흐의 행동을 못마땅하게 생각했습니다. 돈은 벌지 못하면서 화가가 되겠다고 그림만 그렸기 때문이지요. 오직 동생 테오만 고흐를 응원했습니다.

"형, 그림 실력이 꽤 늘었어. 조금만 더 배운다면 정말 화가로 성공할 수 있을 것 같은데?"

"그렇게 말해 주니 고맙다."

"형! 사촌 모베가 헤이그에서 꽤 유명한 화가인데 그곳에 가 보지 않겠어? 모베에게 그림 그리는 방법을 배우는 거야."

"좋은 생각이야. 하지만 그곳에 가서 생활하면 돈이 또 들어갈 거야."

고흐가 걱정하자 테오가 자신 있게 말했습니다.

"형! 돈은 내가 알아서 마련할게. 뒤에서 도와줄 테니까 걱정하지 말고 가."

"정말 고맙다. 내가 이 은혜는 꼭 갚을게."

고흐는 테오의 도움으로 헤이그에 갔습니다. 그리고 그곳에 있는 모베에게 그림을 배우지요.

유화를 하려면 돈이 많이 들었습니다. 물감, 팔레트, 붓 등을 사고 나니 남은 돈이 거의 없었습니다. 그래서 고흐는 거의 굶다시피 하면서 그림을 그려야 했지요. 하지만 이러한 노력에도 사람들은 고흐가 그린 그림을 알아주지 않았습니다. 그는 테오에게 다음과 같이 편지를 보냈어요.

'비록 성취되지 않는다고 해도 노력은 존중받을 가치가 있고, 절망에서 출발하지 않더라도 성공에 이를 수 있어. 실패를 거듭한다고 해도, 퇴보하는 것처럼 느껴진다고 해도, 일이 애초에 의도했던 것과 다르게 돌아간다 해도 다시 기운을 내고 용기를 내야 해.'

고흐는 편지를 통해 자신은 절대 포기하지 않겠다는 의지를 동생에게 보여 주었습니다.

고흐는 이곳저곳을 전전하다가 동생의 도움을 받아 남프랑스 아를에 정착했습니다. 그는 그곳에서 화가들이 모여 사는 공동체를 만들고 싶다는 꿈을 꾸었습니다. 그리고 그 꿈을 실현하기 위해, 친구인 고갱에게 편지를 쓰며 아를로 와 달라고 부탁했어요. 하지만 고갱은 이를 쉽게 결정할 수 없었습니다. 새로운 곳에서 그림만 그리고 살기에는 상황이 여의치 않았기 때문이었어요. 그러자 고흐는 테오에게 고갱을 설득해 달라는 편지를 보냈습니다.

'테오야, 새집 정리와 단장이 다 끝났어. 간단히 내 그림을 걸어 놓고 방을 꾸몄지. 이제 고갱만 이 집에 와 준다면 소원이 없을 것 같아. 그 친구는 내가 그림을 그리는 데 좋은 영향을 줄 것 같거든. 부디 그가 이곳에 올 수 있도록 설득해 줘.'

테오는 고갱이 고흐와 함께 지낼 수 있도록 설득하는 편지를 썼습니다. 그래도 고갱이 오지 않자, 직접 찾아간 뒤 경제적으로 도움을 주겠다고 제안했지요. 결국 고갱은 고흐가 있는 곳으로 왔습니다. 하지만 이들은 그림에 대한 의견이 달라서 서로 심하게 다투었어요. 급기야 고흐가 자신의 귀를 잘라 버리는 사건이 일어났습니다. 이를 본 고갱은 그의 곁을 떠나 버렸어요.

결국 정신적 충격을 견디지 못한 고흐는 발작을 일으키고, 정신 병원에 들어갔습니다. 이제 주변 사람들은 고흐를 모두 미친 사람 취급했어요. 그럼에도 동생 테오는 정신 병원에 있는 사람에게 부탁해서 형이 그림을 그릴 수 있도록 도왔습니다.

고흐는 동생에게 마음의 빚을 지고 있었습니다. 그는 동생에게 보답하는 길이 좋은 그림을 그리는 것이라고 생각했어요. 그래서 고흐는 더욱 그림 그리기에 몰두했습니다. 그는 완성된 작품들을 동생에게 보냈어요. 동생 테오는 고흐의 작품을 전시회에 출품했습니다. 사람들의 반응은 무척 좋았어요.

"우아! 이 작품 정말 대단한데요? 아름다워요!"

고흐가 드디어 사람들로부터 뛰어난 화가라고 인정을 받는 순간이었습니다. 동생과의 우애 덕분에 고흐는 자신이 좋아하는 그림 그리기를 이어갈 수 있었습니다. 그리고 마침내 빛을 볼 수 있었지요.

자세히 알아보자
우애

우애란 형제 또는 자매간의 사랑을 뜻합니다.

다른 사람이 고흐를 외면할 때 동생 테오는 형을 믿고 사랑하며 끝까지 도왔습니다. 고흐는 이 믿음에 보답하기 위해 최선을 다해 그림을 그렸습니다. 그 결과 고흐의 그림들은 현재 당대 최고의 작품 중 하나로 평가받고 있습니다. 형제의 우애 덕분에 우리는 이 아름다운 그림을 볼 수 있는 것이지요. 보통 형제자매가 있는 사람은 어렸을 때 많이 다툽니다. 서로 양보를 하지 않아서 벌어지는 일이 대다수이지요. 형제자매는 서로 피를 나눈 세상에 둘도 없는 사람입니다. 그렇기 때문에 더욱 소중하게 여기고 사랑해야 하지요. 별거 아닌 것으로 다투지 말고, 사이좋게 지내며 우애를 지키기 바랍니다.

다양한 방법으로 타인과 소통했던 연암 박지원

6학년 2학기 국어 5단원

연암 박지원은 호기심이 많고, 자유분방한 성격을 갖고 있었습니다. 그는 어렸을 때부터 길거리에 자주 나가서 장사꾼, 분뇨 장수, 백정 등 다양한 사람들과 소통을 하며 세상 보는 눈을 길렀어요. 박지원은 사람들을 만나 궁금한 것이 있을 때면 항상 질문을 했습니다.

"아저씨는 왜 그렇게 양반들을 싫어하시는 건가요?"

사람들은 그런 그의 모습에 익숙했기에 스스럼없이 대답해 주었습니다.

"우리 같은 장사꾼들 앞에서는 고고한 척하면서 늘 무시하더니, 높은 벼슬 가진 사람이 오니까 온갖 아부를 떨지 않겠어? 그러니 꼴 보기 싫지."

박지원은 많은 소통을 한 덕분에 다양한 사람들의 입장에서 세상을 볼 수 있었어요.

그는 나중에 이런 경험에서 얻은 깨달음을 이용해『양반전』,『허생전』,『호질』 같은 유명한 책을 썼습니다. 이 책은 서민을 괴롭히며, 강한 상대에게는 아부하는 양반의 모습을 풍자하는 소설이었습니다. 당시 시대 상황을 잘 드러낸 책이라서 사람들에게 인기가 많았습니다.

박지원은 훗날 관직 생활을 하다가 청나라로 사신을 가게 되었습니다. 그곳

에서 '열하'라는 지역에 다녀오게 되었어요. 그는 단순히 무언가를 보고 끝내는 것이 아쉬웠습니다. 박지원은 그 지역에 사는 청나라 사람들과 소통을 하며 궁금한 것을 물어보고 싶었습니다. 그래서 고민을 했어요.

"저들과 대화를 나누고 싶은데 내가 중국어를 잘하지 못하고, 저들은 우리말을 쓸 줄 모르니……. 이를 어쩐다?"

그때 좋은 생각이 났습니다. 글로 소통을 시도한 것입니다. 박지원은 한자를 쓸 줄 알았어요. 청나라 사람들도 한자를 썼기 때문에, 글로 의미를 전하며 어느 정도 의사소통을 할 수 있었습니다. 박지원은 자신이 돌아다니는 지역에서 여러 사람들을 만나고, 그들과 글로 의사소통했습니다. 그리고 그 과정에서 많은 사실을 깨닫고, 새로운 정보를 얻었어요.

나중에 조선으로 돌아온 박지원은 자신이 열하에 다녀오면서 경험한 것들을 책으로 냈습니다. 이것이 바로 그 유명한 『열하일기』이지요. 이 책은 수많은 사람들에게 인기를 끌었습니다.

박지원은 소통을 잘하는 사람이었습니다. 그래서 아랫사람과 스스럼없이 어울리고 제자들과는 친구처럼 지냈어요. 특히 가족에 대한 사랑이 컸습니다. 그는 가정에서 다정한 아버지였습니다.

　　박지원은 벼슬에 올라 자식들과 떨어져 지낼 때도 두 아들에게 편지를 자주 보내며 소통을 했어요.

　　'아들아, 『아동기년』이라는 책 두 권을 지었는데 부족한 부분이 많아서 조금 아쉽다. 그래도 참고하기에는 괜찮으니 수시로 읽어 보는 게 어떻겠니? 어리고 총명할 때 읽으면 좋은 책이다.'

　　박지원은 아들들을 위해 스스로 책을 지어서 보내기도 했습니다.

　　'아들아, 『박씨가훈』 책은 잘 받아 보았니? 이 책은 절대 남에게 빌려주지 않으면 좋겠다. 잃어버리기 쉽기 때문이야.'

　　그는 심지어 아들들이 읽기 좋은 책을 필사하기도 했어요.

　　'『소학감주』라는 책을 겨우 베껴 써서 보내 주었는데 이 책을 잃어버렸다니 정말 속상하구나. 너희들은 책에 대해서 소중함을 느끼지 못하니 안타깝다.'

　　박지원은 자식들과 끊임없이 소통했습니다. 그는 아들들에게 책을 무작정 읽으라고 강요하지 않았습니다. 자신의 이야기를 해 주면서 모범을 보이고, 스스로 읽을 수 있도록 부드럽게 권유했지요. 자식이더라도 막 대하지 않고, 존중한 것입니다.

　　'나는 고을 일을 하는 동안에도 시간 날 때마다 틈틈이 글을 짓거나 글씨 쓰기 연습을 한단다. 그런데 너희들은 해가 다 가도록 무슨 일을 했니? 나는 4년 동안 『자치통감강목』이라는 책을 보았다. 두세 번 읽었는데 내가 늙어서 그런지 책을 덮으면 내용이 기억이 안 날 때가 있어. 그래서 이것에 대해 기록한 작은 책자를 하나 만들어 보았지. 그렇게 중요한 것은 아니지만 그래도 한번 만들어 보고 싶더라고. 너희들도 나처럼 이렇게 무언가를 해 보지 그러니? 아무것도 하지 않고 어영부영 시간을 보내는 것은 무척 안타까운 일이야. 한창 젊을 때 그러면 노인이 되었을 때는 어떻게 살려고 그러니? 정말 웃을 일이야! 이 편지와 함께 고추장 단지 하나 보낸다. 방에 두고서 밥 먹을 때마다 꺼내 먹으면 맛있을 거야. 내가 손수 담근 건데, 아직 푹 익지는 않았어.'

그는 고추장뿐만 아니라 포, 곶감 등 다양한 반찬거리를 보냈어요. 이렇게 소통을 잘한 덕택에 자식들뿐만 아니라 주변 사람들로부터 존경과 사랑을 받았지요.

자세히 알아보자
소통

소통이란 다른 사람이 각자 갖고 있는 뜻을 서로 오해하지 않은 채 잘 전한다는 것을 뜻합니다. 연암 박지원은 소통에 탁월했습니다. 그래서 서민들의 목소리를 대변해 풍자 소설을 썼고, 청나라에서 경험한 것을 토대로 『열하일기』를 만들기도 했습니다. 소통이 잘 이루어진 창작물이었기에 많은 사람들로부터 관심과 사랑을 받았지요. 그는 자식, 주변 사람들과도 소통을 잘했습니다.

사람들끼리 소통하지 않는다면, 상대방은 우리의 생각을 전혀 모를 것입니다. 우리 또한 상대의 생각을 모르겠지요. 그렇게 되면 어떤 사항에 대해 오해가 생기며 서로 불만을 갖고 싸울 수도 있습니다. 따라서 우리는 소통을 자주 하여, 상대의 생각과 자신의 생각을 확인하고 서로를 이해하기 위해 노력해야 합니다.

사람들에게 모범이 되었던 이순신

5학년 도덕 3단원 | 5학년 2학기 사회 1단원

　이순신이 전라도 고흥에서 근무하던 때였습니다. 그가 순찰을 돌고 있는데 어떤 사람들이 와서 오동나무를 베려고 했습니다. 그는 얼른 그들을 막았어요.

　"오동나무 베는 것을 그만두거라. 누구 허락을 맡고 이런 짓을 하는 것인가?"

　"저희는 성박 장군의 심부름꾼이옵니다. 그분의 명을 받고 나무를 베러 왔습니다."

　성박 장군은 이순신보다 계급이 높은 사람이었습니다. 하지만 그는 아랑곳하지 않고 심부름꾼에게 질문을 했습니다.

　"나무를 베서 어디에 쓴다고 하셨느냐?"

　"잔치에 쓸 거문고를 만들 때 쓴다고 하셨습니다."

　그 말을 들은 이순신은 호통을 쳤어요.

　"법에 따르면 관아의 오동나무는 나라의 것이다. 전쟁 준비를 위해 나무 베는 것도 아니고, 그저 풍류를 즐기기 위한 것이라면 나무를 벨 수 없다!"

　심부름꾼들은 이순신의 말에 반발을 했습니다.

　"하오나, 성박 장군님께서……."

"안 된다고 하지 않았느냐! 이 오동나무는 나라의 것이라서 함부로 벨 수 없다고 전하거라."

심부름꾼들은 이순신의 말을 그대로 성박 장군에게 전했습니다. 성박 장군은 화가 났지만, 군법을 따르는 이순신 말이 맞았기에 반박할 수가 없었지요. 이처럼 이순신은 자신보다 계급이 높은 사람 앞에서도 원칙을 지켰습니다. 그래서 다른 사람의 모범이 되었어요.

이순신은 높은 자리에 올라서도 원칙을 철저히 지켰습니다. 그 모습을 본 병사들은 이순신 장군을 잘 따랐지요. 덕분에 옥포 해전, 당포 해전, 한산도 대첩, 부산포 해전 등에서 큰 승리를 거둘 수 있었습니다.

그러던 어느 날, 당시 왕이었던 선조가 이순신에게 무리한 명령을 내렸습니다. 부산에 나타난 왜군을 먼저 공격하라는 것이었지요. 이전에는 이순신이 조선 수군에게 유리한 주변 환경을 이용해 왜군과 맞서 싸웠는데, 그런 대책 없이 무작정 진격했다가는 전투에서 질 것이 뻔했습니다. 이순신은 병사들이 죽고, 전쟁에서 질 것을 염려하여 선조의 명령을 잘 따르지 않았습니다. 그러자 선조

는 이순신의 벼슬을 빼앗았어요. 이뿐만 아니라 옥에 가두고 고문도 했습니다.

　파면당한 이순신 장군을 대신해서 원균 장군은 전라도, 경상도, 충청도의 수군을 이끄는 삼도 수군통제사가 되었습니다. 그는 선조의 명령에 따라 왜군을 먼저 공격했습니다. 하지만 칠천량 해전에서 크게 지고 말았지요. 조선 수군의 모든 배가 부서지고 단 12척만 남았습니다. 선조는 급하게 다시 이순신을 삼도 수군통제사로 임명했어요.

　선조도 조선 수군의 상황이 불리하다는 것을 알고 있었습니다. 그래서 이순신에게 바다에서 싸우지 말고 육군에 합류하라고 권유했습니다. 그러자 이순신 장군은 다음과 같은 편지를 썼어요.

　'그동안 적군이 충청도, 전라도로 곧장 오지 못한 까닭은 우리 수군이 길을 막았기 때문입니다. 제게는 아직도 12척의 배가 남아 있습니다. 죽기를 각오하고 나가 싸운다면 적을 이길 수 있을 것이옵니다. 비록 우리 군의 함대 수가 적군보다 적지만, 제가 죽지 않는 이상 적이 우리를 가볍게 여기지 못할 것입니다.'

　결국 선조는 이순신의 결정을 따르기로 했습니다.

　배가 12척 밖에 없고, 칠천량 해전에서 크게 패배했기 때문에 병사들은 모두 두려움을 갖고 있었습니다. 이순신은 이 사실을 알고 있었기에 부하들을 불러 모아 마음가짐을 단단히 시켰습니다.

　"죽고자 하면 살고, 살고자 하면 죽을 것이다. 그러니 최선을 다해 적과 맞서 싸워야 한다."

　드디어 결전의 날이 되었습니다. 이순신은 적군의 이동 상황을 예측하고, 울돌목이라는 곳에서 기다리고 있었습니다. 울돌목은 물길이 좁은 데다가 급류까지 있어 왜군이 배를 조종하기가 힘든 곳이었습니다. 이순신은 지리적 이점을 이용하여 뛰어난 작전을 준비했지만, 막상 적이 나타나자 조선 수군은 겁을 먹었습니다. 그러자 이순신은 자신이 탄 배를 가장 앞에 내세워 돌격했습니다.

　"공격하라!"

이순신 장군이 직접 앞에 나서는 것을 본 병사들은 그 뒤를 따랐고 큰 승리를 거둘 수 있었습니다. 이것이 바로 명량 해전이지요. 이순신 장군이 앞장서서 모범을 보인 까닭에 다른 병사들도 용기를 내서 전투에 임한 것입니다.

　마지막 전투였던 노량 해전에서 숨을 거둘 때까지도 이순신 장군은 주변 사람들에게 모범이 되었습니다. 그의 올바른 행동은 지금까지 많은 사람에게 귀감이 되고 있습니다.

자세히 알아보자
모 범

모범을 보인다는 것은 다른 사람이 본받을 만한 올바른 행동을 한다는 뜻입니다.
이순신은 주변 사람들에게 모범이 되는 사람이었습니다. 그는 나랏일을 할 때 계급과 상관없이 한결같은 원칙을 내세워 군법대로 처리했습니다. 그리고 자신 또한 그 원칙을 지켰지요.
이순신은 전쟁터에서 부하들이 겁을 낼 때면, 가장 앞에 서서 부하들을 인솔했습니다. 이렇게 모범적인 행동을 보인 까닭에 다른 사람들이 그를 믿고 따를 수 있었습니다.
한 사람의 행동은 다른 사람에게 많은 영향을 끼칠 수 있습니다. 우리가 규칙을 잘 지키고, 남을 배려하는 모습을 보인다면 다른 사람들도 긍정적인 영향을 받을 것입니다. 따라서 여러분도 평소 올곧은 행동을 하며 다른 사람에게 모범이 될 수 있는 어린이가 될 수 있도록 노력해 보는 것은 어떨까요?

다른 사람에게 자신의 재산을 나눌 수 있었던 김만덕

5학년 2학기 사회 2단원

　김만덕은 제주도의 한 가난한 집안에서 태어났습니다. 그녀가 12세 때 부모님은 전염병에 걸려 세상을 떠났습니다. 원래 가난했는데, 부모님까지 계시지 않으니 살길이 막막했어요. 그녀는 기생의 수양딸이 되는 수밖에 없었습니다. 김만덕의 양어머니는 그녀가 노래와 춤에 재능이 있다는 것을 알았습니다.

　"만덕아, 너도 나처럼 기생이 되거라."

　만덕은 이 제안이 내키지 않았습니다. 원래 양인 신분인데, 기생이 되면 천민으로 계급이 내려가기 때문이었어요. 그녀가 망설이자 양어머니가 한 번 더 말했습니다.

　"제주도에서 여자가 홀로 먹고살기 힘들 것이다. 내 말을 듣거라."

　"네, 어머니."

　결국 만덕은 양어머니 말을 따랐습니다. 그녀는 뛰어난 재능으로 제주도에서 잘 나가는 기생 중 한 명이 되었어요. 돈을 어느 정도 벌어 삶에 여유가 생기자, 김만덕은 관아에 찾아갔습니다. 그곳에 있던 제주 목사는 그녀를 보며 물었습니다.

　"무슨 일로 여기까지 찾아온 것이냐?"

"저를 기녀 명단에서 삭제해 달라고 요청하기 위해 찾아왔습니다."

"뭐라고? 여태까지 사람의 신분을 바꿔 달라는 요청을 듣고, 바꿔 준 적이 단 한 번도 없다. 무슨 말도 안 되는 요구를 하는 것이냐?"

"저는 원래 중인 신분인 김응렬의 딸입니다. 그런데 어린 나이에 부모님을 잃어서 어쩔 수 없이 기생이 된 것입니다."

"중인이 되면 네가 할 일이 없어서 먹고살기 힘들 것이다. 그냥 기생으로 사는 것이 편하지 않겠느냐?"

"저는 장사를 하고 싶습니다."

"뭐? 여자가 어떻게 혼자서 장사를 할 수 있단 말인가?"

"장사를 잘할 자신 있습니다. 하지만 지금 신분으로는 장사를 할 수 없으니, 이렇게 간곡히 부탁드리는 것입니다."

"돌아가거라."

제주 목사는 그녀의 제안을 거절했습니다. 하지만 만덕은 포기하지 않았어요. 그 뒤에도 관아를 계속 찾아가서 부탁했습니다. 제주 목사는 결국 판관과 의논하여 김만덕을 양인 신분으로 돌려주었습니다.

신분을 되찾은 김만덕은 제주도에서 본격적으로 장사를 시작했습니다. 그녀는 상인들을 시켜서 제주도에서는 귀하지만 육지에서는 구하기 쉬운 옷감, 장신구, 화장품 등을 사 오도록 했습니다. 그리고 반대로 제주도에서는 흔하지만 육지에서는 보기 어려운 물품인 귤, 미역, 말총 등을 육지에서 팔도록 시켰지요. 덕분에 그녀는 장사를 통해 큰 성공을 거둘 수 있었습니다. 김만덕은 제주도에서 손꼽히는 부자가 되었어요.

그러던 어느 날, 조선에 가뭄이 들고 사람들이 병에 걸리기 시작했습니다. 처음에는 비축한 곡식으로 버텼습니다. 하지만 이런 상태가 몇 년이나 지속되자 식량의 거의 사라졌습니다. 특히 제주도는 땅이 척박해서 농사짓기 힘들었기 때문에 상황이 더 심각했습니다. 제주도에서 점차 굶어 죽는 사람이 많아졌

습니다. 그러자 몇몇 신하들이 임금인 정조에게 제주도 사람들을 돕자고 의견을 냈습니다.

"폐하, 제주도에 쌀을 보내 주시옵소서. 많은 사람들이 죽고 있다고 합니다."

정조는 상황의 심각성을 알고 있었습니다.

"알겠다. 쌀을 실은 배를 제주도로 여러 채 보내거라."

곡식을 실은 배가 제주도로 출발했습니다. 하지만 거센 풍랑을 만나 침몰하게 되었습니다. 그 소식을 들은 제주도 사람들은 절망에 빠졌어요.

"하늘도 무심하시지. 우리는 어떻게 먹고살라고!"

그 모습을 본 김만덕은 사람들을 돕기로 결심했습니다.

그녀는 상인들을 불러 모았어요.

"이 돈은 내가 모은 전 재산이오. 지금 이 돈을 갖고 육지로 나가 곡식을 사 오시오."

상인들은 의문을 품었습니다.

"왜 갑자기 곡식을 사 오라고 하십니까?"

"제주도 사람들이 굶어 죽어 나가고 있소. 이들을 도와주어야 하지 않겠소?"

"하지만 여태까지 모은 돈이 아깝지 않습니까? 어떻게 돈 한 푼 안 받고 곡식을 나누어 줄 수 있습니까?"

"제주도 사람들 덕분에 내가 이렇게 부자가 될 수 있었소. 그들이 모두 죽으면, 나도 장사를 더 이상 할 수 없을 것이오. 그리고 돈보다 사람의 목숨이 먼저이지 않겠소?"

상인들은 그녀의 말에 감동을 받았습니다. 그들은 김만덕의 말에 따라 곡식을 사 와서 굶주리고 있는 제주도 사람들에게 나누어 주었어요. 덕분에 많은 사람들이 목숨을 건질 수 있었습니다.

자세히 알아보자
나눔

나눔이란 자신이 갖고 있는 것을 다른 사람에게 나누어 주는 것을 뜻합니다. 꼭 돈이나 물건뿐만이 아니라 자신의 시간, 노력을 들여 다른 사람을 돕는 것도 나눔에 속합니다.

김만덕은 제주도 사람들이 흉년 때문에 굶어 죽을 위험에 처하자 그들을 도왔습니다. 그동안 모은 전 재산을 털어서 곡식으로 나누어 주었지요. 덕분에 많은 사람들이 목숨을 건질 수 있었습니다.

나눔은 거창한 것이 아닙니다. 자신에게 재능이 있다면 그것으로 다른 사람을 도와주는 것도 나눔이고, 얼마 안 되는 동전을 기부하는 것도 나눔입니다. 자신이 가진 모든 것을 주어야 한다는 부담을 갖지 마세요. 조그마한 것도 누군가에게는 큰 도움이 될 수 있습니다.

자신의 감정을 절제한 앤드류 카네기

6학년 도덕 3단원

앤드류 카네기는 어렸을 때 가난했기 때문에 전보 배달원, 전신 기사, 기관 조수, 방적공 등 다양한 일을 했습니다. 나중에는 펜실베이니아 철도 회사에 취직해서 일을 했어요. 그는 그곳에서 일하는 동안 여러 회사에 투자하여 많은 돈을 벌었습니다.

앤드류 카네기는 미래에 철강이 많이 필요할 것이라고 예측했습니다. 그래서 다니던 철도 회사를 그만두고, 철강 사업을 시작했어요. 그 결과는 매우 성공적이었습니다. 사업은 크게 번창했습니다. 나중에는 다른 제강 회사와 합병하여 미국에서 최고의 철강 회사를 탄생시켰어요.

그 뒤, 카네기는 철강 산업에서 은퇴를 하고 교육과 문화 사업에 관심을 기울였습니다. 그는 책을 쓰고, 강연도 하면서 다른 사람들에게 도전 의식을 불러일으켰어요. 그뿐만 아니라 자신의 재산 중 많은 부분을 기부하면서, 사회가 발전하는 데 이바지했습니다.

어느 날, 앤드류 카네기는 라디오 방송에 출연했습니다. 그는 링컨 대통령이 내세운 정책들에 대해 각각의 장단점을 분석했습니다. 그리고 비판할 부분은 신랄하게 비판했어요. 많은 사람들이 그 방송을 들었습니다.

며칠 뒤, 평소 링컨 대통령을 존경해 왔다는 한 여성 청취자로부터 편지가 왔습니다. 거기에는 카네기를 비난하는 내용이 담겨 있었습니다.

'안녕하세요? 카네기 씨. 며칠 전 당신이 출연한 라디오 방송을 들은 한 사람입니다. 당신이 주장한 몇 가지 이야기는 사실과 다르다는 것을 알려 드리고자 편지를 썼습니다. 어떻게 방송에서 그런 거짓된 정보를 이용해서 말도 안 되는 소리를 할 수 있지요? 당신이 주장하는 내용이 틀리다는 것을 증명할 자료도 첨부했습니다. 사실 확인도 하지 않고 라디오 방송에 나와서 무작정 링컨 대통령을 비판하다니…… 왜 그런 짓을 했는지 이해할 수가 없군요. 정말 어이가 없습니다. 앞으로 많은 사람이 들을 수 있는 자리에서는 말을 조심하길 바랍니다.'

그 편지를 읽은 카네기는 엄청난 모욕감을 느꼈어요.
"뭐? 거짓 정보? 내가 말한 것이 뭐가 틀렸지?"
그는 즉시 답장을 썼습니다. 편지에는 그녀와 똑같이 공격적이고 비난적인 내용을 담았어요.

'안녕하세요? 카네기입니다. 당신의 편지 내용은 정말 어처구니없더군요. 첨부된 자료는 전부 이상했습니다. 당신은 이런 정보를 제대로 해석할 능력이 없나요? 무작정 한 사람을 옹호하고 맹목적으로 믿는 것만큼 어리석은 일이 없습니다. 이런 편지를 쓰며 저를 비난할 시간에 본인부터 돌아 보시기 바랍니다.'

카네기는 씩씩거리면서 편지를 썼습니다.

"내일 이 편지를 보내겠어. 이 건방진 사람 같으니라고……."

다음 날 아침, 카네기는 편지를 보내기 전 자신이 쓴 내용을 다시 읽어 보았습니다. 그런데 전날 들었던 분노의 감정은 사라지고, 오히려 부끄러운 마음이 생겼어요.

"아! 어제는 내가 많이 흥분했던 것 같아. 별것도 아닌 일인데 이렇게 발끈하며 공격적인 편지를 썼다니. 내가 쓴 내용 하나하나가 속 좁고 거만하게 느껴지는구나."

카네기는 얼굴이 붉어졌습니다. 그는 즉시 자신이 썼던 편지를 찢었어요. 그리고 새로운 편지를 썼습니다.

'안녕하세요? 카네기입니다. 청취자님의 편지는 잘 받았습니다. 제게 좋은 충고를 주셔서 고맙습니다. 첨부해 주신 자료 부분을 확인하니, 같은 정보보더라도 다른 방식으로 해석할 수 있다는 것을 깨달았습니다. 제가 미처 생각하지 못했던 부분이더군요. 좋은 깨우침 주셔서 감사합니다. 제 기억에 가장 인상 깊은 편지로 남을 것 같군요. 감사합니다.'

그 일을 겪은 뒤, 카네기는 화가 나는 일이 있을 때마다 분을 삭이고 자신의 감정을 절제했습니다. 어떤 감정적인 일이 생기면 늘 하루가 지난 다음에 다시 생각해 보는 습관을 길렀지요.

훗날, 그는 책에서도 감정을 절제하는 방법에 대해 썼습니다.

'만일 당신의 가슴에서 어떤 근심이나 분함이나 원한이나 애석한 마음이 떠나지 않는다면 그때는 고요히 가슴에 손을 얹고 스스로 물어보라. 과연 그 일이 얼마나 가치를 가진 일인가? 오랫동안 마음에 썩힐 만한 가치 있는 일인가? 당신은 당신의 생활을 평화롭고 유익하게 전개하고 싶지 않은가? 그렇다면 그 근심과 분하다는 감정에서 속히 벗어나라. 왜냐하면 당신의 귀중한 오늘과 내일은 그런 감정으로 더럽혀지면 안 되기 때문이다.'

그는 자신의 성공 비결 중 하나를 절제라고 설명하기도 했지요.

자세히 알아보자
절제

절제란 감정이나 행동이 정도를 지나치지 않도록 스스로 알맞게 조절하고 제한하는 것을 뜻합니다.

앤드류 카네기는 화가 나고 감정이 격해진 상태에서는 아무 행동을 하지 않았습니다. 그저 하루를 참고, 다음 날 다시 생각해 보며 차분한 마음으로 판단했어요. 그래서 그는 옳은 결정을 내릴 수 있었습니다.

우리는 살다 보면 화나는 일, 슬픈 일 등 부정적인 상황을 겪을 수 있습니다. 그뿐만 아니라 '무언가를 사고 싶다', '어떤 것을 무작정 하고 싶다'라는 충동적인 생각이 들 때도 있지요. 이때 감정이나 충동에 휩쓸려서 바로 행동한다면 어리석은 결정을 내릴 가능성이 큽니다. 그러므로 그 상황을 객관적으로 바라보려고 노력하거나, 다른 사람의 조언을 받으면서 자신을 절제해야 합니다. 잘못된 한 번의 선택 때문에 큰 대가를 치를 수 있기 때문이지요.

의사를 관두고 타자기 개발에 적극적으로 매진했던 공병우
6학년 도덕 1단원

　공병우는 '시간은 생명이다.'라는 말을 자주 했습니다. 그는 시간을 아끼기 위해 집 구조를 미국식으로 바꾼 적도 있었어요. 당시에는 지금과 다르게, 냄새 나는 화장실을 멀리 떨어진 바깥에 설치했습니다. 그런데 공병우는 화장실 가는 시간을 아끼기 위해 화장실을 집 안에 설치했던 것이지요. 이웃 사람들은 그를 놀렸습니다.

　"겨우 화장실 빨리 가자고, 냄새 나는 화장실을 집 안에 들입니까? 하하, 시간을 아껴서 무엇 하려고요?"

　하지만 그는 비웃음에도 아랑곳하지 않았습니다.

　공병우는 최초의 안과 전문의이며, 대한민국 최초로 안과 병원을 개원한 사람이었습니다. 그가 안과 의사 생활을 하던 중, '이극로'라는 사람이 진료를 받으러 찾아왔습니다.

　"어서 오세요. 무슨 일이시죠?"

　"눈이 불편해서 왔습니다, 의사 선생님."

　"이런, 어쩌다가 그렇게 되셨나요?"

　"한글 관련해서 연구하다가 눈을 너무 많이 쓰다 보니 이렇게 된 것 같습니다."

이극로는 국어학자로서 한글에 대해 많이 연구한 사람이었습니다. 그들은 자연스레 한글에 대해 이야기를 나누었어요.

"한글은 정말 우수한 글자입니다. 자음과 모음을 조합해서 다양한 글자를 만들 수 있지요. 소리 나는 대로 표기할 수도 있어서 쉽게 익힐 수 있습니다. 이런 한글의 우수성을 사람들이 많이 알면 좋겠어요."

이극로의 이야기를 들은 공병우는 그 말에 동감했습니다.

그 뒤, 그는 일본어로 된 안과 책을 우리말로 번역하는 일을 하면서 빠른 한글 타자기의 필요성을 느꼈습니다. 그리고 이극로와 한글에 대해 이야기했던 것을 떠올렸어요.

'안과 의사로서 눈병 고치는 일은 외국인도 할 수 있어. 하지만 한글의 과학화는 한국인밖에 못할 거야. 그러니 내가 그 뜻을 이루어 보자.'

공병우는 한글을 과학화하는 데 힘을 쓰기로 결심했습니다.

당시 우리나라에는 이미 한글을 쓸 수 있는 타자기가 있었습니다. 하지만 그 배치가 과학적이지 않았습니다. 그래서 그냥 손으로 글을 쓰는 것과 속도가 별로 차이가 나지 않을 정도로 타자 치는 속도가 느렸지요. 그는 번역할 때 타자기에서 느꼈던 불편함을 떠올렸습니다. 그리고 자신이 자주 했던 말도 기억했어요.

'시간은 생명이다.'

그 순간 좋은 생각이 머리를 스치고 지나갔습니다.

"이 한글 타자기의 배치를 바꾸면 어떻게 될까? 지금 직접 글씨 쓰는 것보다 더 빠른 속도로 타자를 칠 수 있지 않을까?"

만약 타자기를 빠르게 칠 수 있도록 자판을 배치한다면 시간도 아끼고, 한글의 우수성을 널리 알릴 수도 있다고 판단했습니다. 공병우는 적극성을 갖고 즉시 연구를 시작했습니다. 하지만 생각만큼 쉬운 일이 아니었습니다. 단순히 자판의 위치만 바꾼다고 해서 되는 일이 아니었기 때문이지요.

　공병우는 조금 더 과학적으로 접근하기 위해 다른 언어부터 분석하기로 합니다. 먼저 영문 타자기를 가져왔어요.

　"자! 이것부터 분해해서 기계의 구조를 익혀야겠어."

　그는 타자기를 분해해서 기본적인 기계 원리부터 습득했습니다. 그 뒤에 본격적으로 한글을 연구했지요.

　"우리말에서 자주 쓰는 글자 부분을 손가락으로 치기 쉬운 곳에 둔다면 조금 더 타자를 빨리 칠 수 있지 않을까?"

　그는 시간이 날 때마다 틈틈이 한글 전산화를 연구했습니다. 그리고 마침내 자신만의 타자기를 개발하는 데 성공했습니다.

　"드디어 완성이다!"

　공병우가 개발한 타자기를 이용하면 다른 타자기에 비해 월등히 빠른 속도로 글을 쓸 수 있었어요. 그래서 사람들 사이에서 널리 퍼지기 시작했습니다.

　나중에 시간이 흐른 뒤, 컴퓨터가 우리나라에 보급되었습니다. 그래서 타자기용이 아닌, 컴퓨터용 자판을 개발할 필요가 생겼어요. 당시에 여든이 넘었던 공병우는 세 벌식 자판을 개발했습니다. 그의 적극성은 나이가 들어서도 사그라들지 않았어요. 그의 피나는 노력 덕분에 많은 사람들이 컴퓨터를 사용할 때 한글을 편하고 빠르게 입력할 수 있게 되었답니다.

공병우는 자신이 한글을 과학화한 것에 대해 자랑스러워하며 말했습니다.

"한글을 온전히 쓰는 빠른 길은 많은 사람이 한글을 편리하게 사용할 수 있도록 기계화하는 것이라고 생각합니다. 편리한 한글 기계가 계속 나오면 한글을 더욱 사랑하게 될 것입니다. 제겐 남을 돕는 일 중 가장 가치 있고 큰일이 한글을 과학화시키는 것입니다."

자세히 알아보자
적극성

적극성이란 긍정적이고 능동적으로 활동하는 성질을 뜻합니다.

공병우는 누가 시키지도 않았는데도, 스스로 한글을 과학화시키겠다는 일념 하나로 새로운 타자기를 개발했습니다. 그의 뛰어난 적극성 덕분에 많은 사람들이 시간을 아끼며 글을 썼고, 한글을 더 효율적으로 사용할 수 있었어요.

누군가 시켜서 억지로 하는 일은 재미있지 않습니다. 또한 그 일을 하는 동안 계속 부정적인 생각으로만 가득하게 되지요. 따라서 여러분들은 자신이 하고 싶은 일, 좋아하는 일을 하세요. 만약 어쩔 수 없이 해야만 하는 일이라면, 그 일을 자신이 주도적으로 한다는 생각으로 적극성을 갖고 임하세요. 그러면 이전보다 더 재미를 느끼게 될 것이고, 일에 대한 성과도 좋을 것입니다.

# 꾸준히 그림을 그렸던 김홍도
3~4학년 미술 감상영역

　김홍도는 그림 그리는 것과 아무 관련이 없는 집안에서 태어났습니다. 그래서 처음에는 그림에 대해 잘 몰랐습니다. 그러던 중, 김홍도는 글을 쓰고 그림 그리는 것으로 유명한 강세황을 스승으로 모시게 되었어요. 강세황의 뛰어난 가르침 덕분에 김홍도는 그림에 흥미를 보이며 두각을 나타냈습니다. 끊임없이 배우고, 많은 노력을 한 덕분에 김홍도는 젊은 나이에 도화서의 화원이 될 수 있었습니다.

　도화서는 나라에 필요한 그림을 그리는 관청입니다. 그리고 여기에서 일하는 화가를 '화원'이라고 불렀습니다. 화원들은 보통 궁궐의 행사 모습, 책에 들어가는 그림, 지도, 임금님 초상화 등을 그리는 업무를 맡았어요. 그들은 대부분 중인 계급이었는데, 양반들은 이들을 무시했습니다. 하지만 김홍도는 그런 시선에 아랑곳하지 않고 자신이 맡은 일을 성실하게 했습니다. 처음에는 허드렛일을 많이 했지만, 점차 실력을 인정받아 중요한 그림을 그리기도 했어요.

　그러던 어느 날이었습니다. 높은 벼슬을 가진 사람이 도화서에 찾아와 이번 행사에서는 누가 그림을 그릴 것인지 화원들과 의논했어요.

　"임금님께서 71세가 되셨다. 이제 여든의 나이를 바라보는 뜻에서 큰 행사를

열 것이다. 이 사실을 알고 있는가?"

"네, 이미 소문이 자자해서 그 사실을 알고 있었습니다."

"그렇구먼. 자네들 중 한 명이 이번 행사의 모습을 생생하게 나타낼 수 있는 그림을 그려야 한다네. 누구를 추천해 주겠는가?"

그때 한 화원이 나서서 말했어요.

"김홍도를 추천합니다."

"김홍도? 처음 들어 보는 이름인데?"

"도화서에 들어온 지 얼마 안 되었습니다."

"화원이 된 지 얼마 안 되었는데 이런 중요한 일을 맡긴단 말인가?"

"다른 사람에 비해 그림 그린 경력이 짧지만, 능력만큼은 엄청 뛰어납니다. 제가 그동안 이 두 눈으로 훌륭한 그림을 많이 보아 왔습니다. 더군다나 그 유명한 강세황의 제자입니다."

"그렇게 뛰어나다니 한번 맡겨 보지. 그에게 최선을 다해서 그림을 그리라 하라."

김홍도는 실력을 인정받아 젊은 나이에 중요한 행사의 그림을 그렸습니다.

그가 그린 그림은 무척 아름답고 뛰어났습니다. 그래서 그 뒤에도 많은 일을 맡았습니다.

김홍도는 명을 받아 영희전 건물을 그리기도 하고, 궁중 행사도인「반차도」를 그리기도 했습니다. 그가 얼마나 그림을 잘 그렸던지 조정에서는 상으로 쌀을 주기도 했어요.

김홍도가 스물아홉 살이 되던 해. 어명을 받았습니다.

"임금님의 어진과 왕세손의 초상화를 그리라는 어명이다. 화원 김홍도는 준비를 철저히 하라."

"네, 알겠습니다."

보통 화원들 중에서도 그림 실력이 뛰어난 사람만 임금님의 얼굴을 그릴 수 있었습니다. 김홍도가 그림을 잘 그린다는 사실을 왕도 인정한 것이었지요. 그는 며칠에 걸쳐 초상화를 그렸습니다.

영조 임금은 자신의 얼굴이 담긴 그림을 보고 크게 만족했습니다.

"정말 살아 숨 쉬는 것처럼 잘 그렸구나. 나중에 자리가 나면 김홍도에게 벼슬을 내리도록 하라."

김홍도가 근면 성실하게 일을 한 것이 빛을 발하는 순간이었습니다. 그는 임금의 명령에 따라 벼슬을 받았습니다.

영조의 뒤를 이어 정조가 임금이 되었습니다. 정조는 금강산의 아름다운 경치가 보고 싶었어요. 하지만 오래도록 왕궁을 비울 수 없었기에 그림으로 대리 만족하려 했습니다. 그는 김홍도와 김응환에게 명령을 내렸습니다.

"금강산의 아름다운 경치를 그려 오거라."

명령을 받은 김홍도는 금강산 곳곳을 돌아다녔습니다. 산세가 험한 곳도 있었고, 날씨가 나쁜 곳도 있었습니다. 매서운 추위를 겪을 때도 있었지요. 며칠 동안 계속 산을 돌아다니니 지쳤습니다. 하지만 김홍도는 포기하지 않고 자신이 맡은 일을 묵묵히 수행했어요.

"이것은 내가 맡은 일이다. 그러니 책임지고 끝까지 그릴 것이다."

그는 부지런히 그림을 그렸습니다. 마침내 금강산 경치를 다 그린 김홍도는 그림들을 궁으로 가져갔어요. 임금님은 그 그림들을 보고 감탄했습니다.

"정말 대단하구나! 마치 눈앞에 금강산이 펼쳐진 것 같아!"

정조 임금은 김홍도의 실력과 근면함을 인정했습니다.

그 뒤 김홍도는 「무동」, 「서당」과 같은 생동감 있는 속화 그림도 그렸습니다. 그의 작품은 지금까지도 많은 사람의 사랑을 받고 있지요.

자세히 알아보자
근면

근면이란 성실하고 부지런하게 일을 꾸준히 하는 자세를 뜻합니다.

김홍도는 도화서에서 일하는 화원으로서 자신의 역할에 최선을 다했습니다. 항상 열심히 그림을 그렸고, 자신의 실력을 높이기 위해 그리기 연습도 많이 했습니다. 금강산을 돌아다니면서 그림을 그리는 것이 힘들었지만, 근면 성실하게 임했지요. 그 결과 김홍도는 아름다운 작품을 많이 탄생시킬 수 있었습니다.

여러분들이 근면한 자세를 가지려면 어떻게 해야 할까요? 근면한 학생이 되는 것은 어렵지 않습니다. 학교 수업을 열심히 듣고 숙제를 제때 하면 됩니다. 더 나아가 여러분들이 맡은 일에 항상 최선을 다한다면 더 좋겠지요. 떨어지는 물은 바위를 뚫는다고 하니, 어떤 일이든지 근면 성실한 태도로 임해보세요.

5학년 2학기 사회 1단원

    임진왜란이 일어난 뒤, 조선군은 일본군과 치열하게 다투었습니다. 그러다가 명나라군이 조선을 도와주러 왔어요. 하지만 조선과 명나라의 연합군은 벽제관에서 일본군에게 지고 말았습니다. 일본은 이 전투의 승리로 사기가 오를 대로 올랐습니다. 그들은 이 기세를 몰아 조선군이 주둔한 행주산성을 공격하기로 했습니다. 일본군은 주변 병력을 3만 명이나 모아서 행주산성 앞으로 집결했어요. 한편 권율 장군은 이를 막기 위해 승려들까지 끌어모았지만 병사들의 수가 수천 명밖에 되지 않았습니다. 권율 장군은 흙을 쌓아 조총을 막을 수 있도록 대비하고, 병사들에게 재를 담은 주머니를 주어 무기로 쓸 수 있게 했습니다. 그는 병사들을 모아 용기를 북돋아 주었습니다.

    "적군이 이 행주산성으로 오고 있다는 정보를 입수했다. 이 싸움은 우리나라의 운명이 달려 있는 무척 중요한 싸움이다. 만약 여기서 우리가 진다면 나라뿐만 아니라 가족들도 모두 잃을 것이다. 그러니 목숨을 걸고 싸워라!"

    일본군은 제1대, 제2대, 제3대, 이런 식으로 군사를 나누어 공격하기로 했어요.

    먼저 제1대에 속한 병사들이 행주산성을 공격했습니다. 그러자 성안에 있던 조선군이 화차에서 포를 발사했습니다.

"적을 섬멸하라!"

포탄의 뛰어난 위력 앞에서 일본군들은 혼비백산이 되었습니다. 결국 제1대는 거의 전멸하고 말았어요. 이어서 쳐들어온 제2대도 공격에 실패했습니다. 그러자 제3대 소속 병사들은 높은 누각을 짓고, 위쪽에서 총을 쏘았습니다. 조선군은 이를 막기 위해 대포를 쏘아 일본군의 누각을 부쉈어요.

이 상황을 본 일본군의 총대장 우키타는 크게 화가 났습니다.

"어찌 저렇게 속수무책으로 당한단 말인가! 내가 앞장설 테니 나를 따라라!"

제4대에 속한 병사들은 희생자가 많이 생기더라도 후퇴하지 않고 계속 공격했습니다. 그 결과 성책 몇 개를 넘을 수 있었습니다. 그 모습을 본 조선군이 동요했어요.

"으악! 저들이 벌써 성벽 몇 개를 넘어왔어! 이제 어떻게 하지?"

하지만 권율 장군이 리더십을 발휘하여 병사들을 독려했습니다.

"물러서지 마라. 우리는 지지 않는다. 저기 일본군 대장을 나타내는 깃발이 있다. 그 깃발 쪽에 포탄을 쏘아라. 그러면 적군 대장을 잡을 수 있을 것이다."

병사들은 권율의 명령에 따라 깃발이 있는 곳을 향해 포를 집중적으로 쏘았어요.

"으악!"

그 결과 우키타는 큰 부상을 입었습니다.

"장군! 크게 다치셨습니다. 퇴각해야 합니다. 지금 치료받지 않으면 큰일 납니다."

"분하지만 어쩔 수 없군. 퇴각하라!"

그 뒤 일본군 쪽에서는 제5대에 속한 병사들을 보냈습니다. 이번에는 불을 이용해 성 주변을 태우려고 했어요. 제5대 대장이 명령을 내렸습니다.

"성벽 안쪽에 있는 목채를 불태워라! 불화살과 탄알을 쏘아라!"

하지만 권율 장군은 이들이 불로 공격할 것을 이미 예측한 상태였어요. 그는 조선 병사들이 차분하게 대처할 수 있도록 명령했습니다.

"당황하지 말고 우리가 준비한 물로 불을 끄거라. 그리고 숨 쉴 틈 없이 저들에게 바로 반격해라."

조선군은 불을 끄자마자 바로 공격하러 나갔습니다. 이에 당황한 일본군은 전투에서 크게 지고 말았습니다. 심지어 제5대 대장은 부상을 입기까지 했어요.

이번에는 제6대 소속 병사들이 쳐들어왔습니다. 그들은 여태까지 공격하던 곳이 아니라, 서쪽에 비교적 경사가 완만한 곳을 공략했어요. 그곳은 승려들이 지키고 있었습니다. 승려들은 재가 담긴 주머니를 던졌어요. 그것이 터지자 일본군은 눈을 뜨지 못하고 숨도 잘 쉬지 못했습니다. 그 덕분에 적군을 잘 막아 낼 수 있었어요.

일본군은 계속 성을 함락시키는 데 실패했지만, 쉽게 포기하지 않았습니다. 이번에는 제7대를 보냈어요. 그들은 서북쪽에 있는 성의 한 귀퉁이를 뚫고 진입했지요. 오랫동안 전투를 치루느라 조선군은 화살, 화포 등의 무기가 거의 다 떨어진 상태였습니다. 이번에는 정말 큰 위기였지요. 권율은 급히 명령을 내렸습니다.

"성안의 부녀자들은 행주치마를 이용해 돌을 날라라! 그리고 병사들은 그 돌을 던져서 적군을 막아 내라!"

사람들은 필사적으로 일본군과 싸웠습니다. 적군은 조선군의 무기가 떨어진 것을 눈치채고 더 악착같이 공격했어요.

그때 한강에서 배가 나타났습니다. 화살 수만 개를 실은 조선의 배였습니다. 이를 본 일본군은 뒤편을 공격당할까 봐 두려워 후퇴했어요.

"적들이 물러선다. 어서 추격하라."

조선군은 도망가는 일본군을 쫓아가서 혼쭐을 내 주었습니다. 이 전투를 이긴 덕분에 조선군은 한양을 되찾을 수 있었습니다.

자세히 알아보자
리더십

리더십이란 지도자가 무리를 다스리거나 이끌어 갈 수 있는 능력을 뜻합니다.

권율 장군은 적군이 쳐들어왔을 때 겁먹은 사람들에게 용기를 북돋아 주었습니다. 그리고 위기에 잘 대처하여 많은 사람들을 구하고 승리를 이끌었지요. 그의 뛰어난 리더십은 역사에 길이 남게 되었습니다.

사람들을 이끄는 대표 자리는 무척 중요합니다. 어떤 선택을 내리면 그 영향은 고스란히 구성원들이 받기 때문이지요. 만약 여러분이 학급 회장으로 뽑히거나, 친구들의 모임을 이끄는 대표가 된다면 리더십을 발휘해 구성원들을 잘 이끌어 나가야 합니다. 리더는 소통, 적극성, 배려 등 다양한 능력을 갖출수록 좋습니다.

투표는 신중하게

대한민국 독립에 진정성을 보인 남자현

5학년 2학기 국어 1단원

1895년 일본 사람들이 명성 황후를 참혹하게 살해한 을미사변이 일어났습니다. 이 끔찍한 소식을 들은 남자현의 남편은 충격에 빠졌습니다. 그 뒤, 일제의 만행은 날이 갈수록 더 심해졌어요. 그러자 남편이 말했습니다.

"여보, 나라가 망해가는 데 어찌 집에만 있을 수 있겠소? 나는 독립운동을 하러 나가서 일제와 싸우겠소. 나중에 저승에서 다시 봅시다."

"저도 독립운동을 위해 따라 나가겠어요."

남자현의 말을 들은 남편은 고개를 저으며 반대했습니다.

"당신은 부디 가정을 지켜 주시오. 한 사람이라도 아들과 부모님을 지켜야 하지 않겠소?"

남편의 완고한 설득 때문에 남자현은 가정을 지켰습니다. 한편 홀로 떠난 남편은 의병에 참가해서 일본군과 치열하게 싸웠습니다. 그러다가 장렬하게 전사하고 말았지요. 남자현은 남편의 죽음 소식을 듣고 애통해했습니다. 그리고 일제에 복수를 꿈꾸었습니다.

"나라를 빼앗으려고 한 자들이 이제는 내 남편 목숨까지 앗아갔구나. 저들은 내 원수이다. 앞으로 이 원한을 반드시 갚고, 독립운동에 힘쓰리라."

3.1 운동이 일어난 뒤, 남자현은 본격적으로 독립운동에 참여하기 위해 아들과 가족을 데리고 중국의 만주로 갔습니다. 그곳은 일제의 힘이 미치지 못하는 곳이었기 때문이지요. 그녀는 그곳에서 독립운동을 위해 만들어진 단체 '서로 군정서'에 가입했습니다. 그리고 독립을 위한 일을 했어요. 남자현은 주변에 있는 여러 마을을 돌아다니며 독립 자금을 모았습니다. 그리고 여자 교육회를 열 개나 설립하여, 여성들도 독립운동에 참여하도록 독려했습니다.

"여러분! 우리도 독립을 위해 힘을 써야 합니다. 가만히 있으면 아무것도 이루어지지 않습니다. 나라를 되찾기 위해서는 모금을 하고, 독립운동 단체를 도와야 합니다."

남자현의 연설을 듣고 많은 여성들이 그녀와 뜻을 함께했습니다.

1932년 9월, 국제 연맹에서는 일본이 중국을 침략한 것에 대해 진상 조사를 계획했습니다. 그래서 리튼 경을 조사단장으로 임명하고 하얼빈에 조사단을 보내기로 했지요. 남자현은 이 소식을 들었습니다.

"세계 사람들에게 일제의 만행을 알릴 기회다! 우리나라가 일제에 침략당했다는 걸 알려야 해. 어떻게 하면 독립에 대한 의지를 진정성 있게 표현할 수 있을까?"

그녀는 마침내 어떤 행동을 할지 결심을 했습니다. 남자현은 왼손 네 번째 손가락 두 마디를 잘랐어요.

"아악!"

피가 흐르면서 엄청난 고통이 찾아왔습니다. 그녀는 손가락에서 흐르는 피를 이용해 흰 천에다가 글을 썼습니다.

'조선은 독립을 원합니다.'

남자현은 어떻게 해서든 자신의 진정성을 세계 사람들에게 보여 주고 싶었어요. 조사단이 도착한 날, 리튼 경은 흰 천을 받았습니다. 그가 그것을 풀어 보자 잘린 손가락과 함께 독립을 원한다는 글자가 적힌 흰 천이 나왔습니다.

"이걸 누가 보낸 거야?"

리튼 경이 기겁하며 묻자, 옆에 있던 사람이 대답했습니다.

"남자현이라는 조선의 여성 독립운동가가 보냈다고 합니다."

"독립운동에 대한 열망이 엄청난 사람인가 보군. 일제의 침략으로 인해 얼마나 고통스러웠을까……."

그 사건을 접한 많은 사람들은 충격을 받았습니다. 이처럼 남자현은 독립을 위해 자신의 몸을 희생해 가면서까지 진정성을 보였지요.

그 뒤, 일제는 여전히 조선에서 물러가지 않았습니다. 남자현은 동지들과 함께 만주국 일본 전권 대사를 암살할 계획을 세웠습니다. 기념식 행사 때 대사가 나타나면 폭탄을 던질 계획이었어요. 그녀는 거지로 변장을 하고, 폭탄과 권총을 몸에 숨긴 채 돌아다녔습니다. 그런데 일본 형사가 이 정보를 미리 알고 그녀를 미행했습니다. 결국 남자현은 체포당했습니다. 형사는 남자현을 감옥에 가두고 계속 고문을 했어요.

"너와 같이 일을 꾸민 사람들이 누구인지 말해라! 그러지 않으면 계속 고문할 것이다!"

"이놈들! 우리나라도 빼앗고, 남편 목숨도 빼앗더니 이제는 나와 동료들까지 죽이려 하는 것이냐?"

그녀는 일제에 굴복하지 않고 저항했습니다. 나중에는 단식 투쟁까지 했어요. 고문을 당한 상태에서 식사까지 하지 않으니 몸은 금방 망가졌습니다. 결국 남자현은 거의 죽기 직전 상태가 되었습니다. 그러자 일제는 그녀를 풀어 주었어요. 남자현은 세상을 떠나기 직전, 그동안 숨겨 두었던 돈을 아들에게 주며 말했습니다.

"나중에 우리나라가 독립하면, 이 돈을 독립 축하금으로 바치거라."

아들은 남자현의 유언에 따라 독립하는 날, 이 돈을 백범 김구에게 전했습니다.

자세히 알아보자

진정성

진정성이란 진실되고 참된 성질을 뜻합니다.

남자현은 독립에 대한 진정성을 행동으로 보여 주었습니다. 조사단에게 일제 침략의 부당함을 알리고, 독립운동에 적극적으로 참여했지요.

진정성 있는 태도는 자기 자신뿐 아니라 다른 사람들의 마음을 움직일 수 있습니다. 만약 간절히 바라는 것이 있다면 그것을 이루기 위해 최선을 다해 보세요.

조선은 독립을 원합니다.

# 그 어떤 순간에도 희망을 잃지 않았던 윌마 루돌프

5학년 도덕 3단원

    윌마 루돌프는 미국 테네시주에서 22남매 중 20번째로 태어났습니다. 보통 신생아는 3kg이 넘는데, 그녀는 처음에 태어났을 때 몸무게가 채 2kg도 되지 않았어요. 루돌프가 네 살이 되었을 때는 폐렴과 성홍열을 앓았습니다.
    "제발 우리 아이가 살 수 있게 해 주세요."
    그녀의 어머니인 블랜치는 딸이 무사하기를 간절히 기도했습니다. 루돌프는 거의 죽을 뻔한 고비를 넘기고 겨우 살아났어요. 하지만 후유증으로 인해 왼쪽 다리를 움직일 수 없게 되었습니다. 이에 놀란 블랜치가 그녀를 병원으로 데려갔습니다. 그리고 의사 선생님에게 물었어요.
    "의사 선생님, 우리 딸이 왼쪽 다리를 못 움직여요. 도대체 무슨 일이지요?"
    "소아마비 같습니다. 앞으로 걸을 수조차 없을 겁니다. 평생 휠체어를 타야겠지요."
    이 말을 들은 블랜치는 절망했습니다.
    당시에 루돌프의 아버지는 가게 일을 하기도 하고, 도로 공사 일을 하기도 했습니다. 돈을 벌기 위해 굳은일을 많이 한 까닭에 그의 몸 상태는 좋지 않았어요. 그래서 일을 많이 할 수도 없었습니다. 이렇게 가난한 환경에 있다 보니

루돌프는 좋은 의료 혜택을 누릴 수 없었어요. 대신 루돌프의 어머니가 그녀를 위해 많은 헌신을 했습니다. 그녀는 버스로 한 시간이 걸리는 병원을 매주 찾아가 딸이 물리치료를 받을 수 있도록 도왔습니다. 그 모습을 본 의사 선생님이 물었어요.

"매번 이렇게 오시는 거 힘드시지 않으세요?"

"딸을 위해서라면 어쩔 수 없지요."

"제가 집에서도 할 수 있는 물리 치료 방법을 알려 드릴까요? 그러면 이 먼 병원까지 오지 않아도 될 겁니다."

의사의 제안을 받은 그녀는 무척 기뻤습니다.

"정말이요? 그렇게 해 주시면 감사하지요. 지금 당장 배우겠습니다."

블랜치는 의사의 도움을 받아 물리 치료 방법을 배워 왔어요. 그녀는 그 뒤 루돌프를 병원에 데려가지 않고 혼자서 치료해 주었습니다. 나중에는 루돌프의 언니들도 블랜치에게 물리 치료 방법을 배웠습니다. 그리고 루돌프를 자주 치료해 주었어요. 가족의 지극 정성 덕분에 루돌프는 여덟 살이 되었을 때 보조 기구를 이용해 걸을 수 있게 되었습니다. 영원히 못 걸을 줄 알았던 딸이 걷는 모습을 보며 어머니는 기쁨의 눈물을 흘렸습니다.

루돌프는 자신이 보조 기구 없이도 걸을 수 있다는 희망을 가졌습니다. 그래서 오빠들과 어울려 야구를 하며 점차 운동량을 늘려 갔습니다. 몸을 움직이는 것이 힘들 때면 스스로를 다그치며 마음을 굳게 먹었지요.

"힘들다고 해서 결코 포기할 수 없어. 보조 기구 없이도 뛰어다닐 수 있을 거야. 내게는 희망이 있잖아. 이 세상에서 가장 믿는 것은 나 자신이야. 불가능은 없어. 최선을 다해 보자."

루돌프는 열한 살이 되던 날, 보조 기구를 내려놓았습니다. 이제 그녀는 그 어떤 도움 없이 혼자서도 뛸 수 있게 되었습니다. 가족은 그 모습을 보고 환호성을 질렀어요.

중학교에 입학한 루돌프는 다리 근력을 더 강화하기 위해, 일부러 농구부에 들어갔습니다. 뛰어다니면서 운동을 할 셈이었지요. 그녀는 그곳에서 활동하는 동안 농구 실력이 많이 늘었습니다.

고등학교에 들어가자 그녀의 운동 신경과 승부욕을 눈여겨 본 육상 코치 템플이 그녀에게 말을 걸었습니다.

"그동안 네 모습을 지켜보았어. 운동 신경이 뛰어나 보이는데 육상팀에 들어와서 달리기를 해 보는 게 어떻겠니? 너라면 잘할 수 있을 거야."

"제가 잘할 수 있을까요?"

"그럼, 너 자신을 믿으렴."

그녀는 육상팀에 들어갔어요. 그리고 훈련 첫날 시골 농장을 가로지르며 8km를 쉬지 않고 달렸어요.

루돌프의 육상에 대한 도전은 처음에는 순조롭지 못했습니다. 슬럼프에 빠지거나 부상을 당하기도 했지요. 그녀는 어머니에게 고민을 털어놓았습니다.

"저보다 육상을 먼저 시작한 동료들이 많아요. 그런데도 제가 더 잘할 수 있을까요?"

그 말을 들은 어머니는 그녀를 다그쳤습니다.

"의문은 그만 품고 운동이나 열심히 하렴. 너는 장애도 극복했잖아!"

루돌프는 열심히 노력하면 자신도 성공할 수 있다고 생각을 고쳤습니다. 그녀는 꾸준히 달리기 연습을 했습니다.

마침내 루돌프는 호주 멜버른 올림픽 출전권을 획득하고, 당당하게 동메달을 따냈습니다. 성공을 경험한 루돌프는 더욱 자신감을 갖게 되었습니다. 그 뒤 로마 올림픽에서는 금메달을 무려 세 개나 받았어요.

자세히 알아보자

희망

희망은 어떤 일을 해낼 수 있다고 생각하는 것을 뜻합니다.

윌마 루돌프는 장애가 있음에도 걸을 수 있다는 희망을 버리지 않았습니다. 그리고 어머니를 비롯한 가족의 도움을 받아 마침내는 스스로 뛰어다닐 수 있게 되지요. 나중에는 육상 선수로 나가 금메달까지 따냈습니다.

학교에서 체육 대회를 할 때 우리 편이 이길 수 있을 것 같다는 생각, 조금만 더 노력하면 시험을 잘 볼 수 있을 것 같다는 마음 등이 모두 희망입니다. 어려운 일이 있더라도 이를 이겨 낼 수 있다는 희망을 가진다면, 잘해낼 수 있을 것입니다.

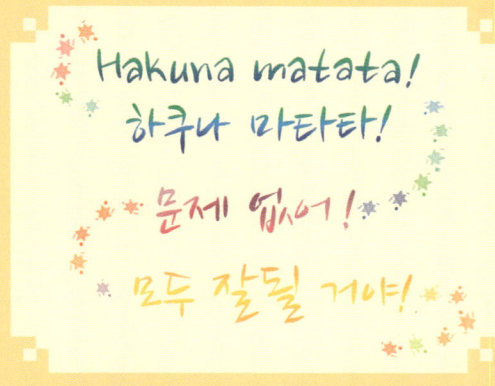

우리 문화유산을 지키고 보살핀 전형필

5학년 2학기 사회 1단원

전형필은 어렸을 때부터 독서를 좋아했습니다. 유복한 집안 환경에서 자란 덕분에 책을 사는 데 부담이 없었지요. 고등학교 졸업 후에는 일본의 와세다 대학교로 유학을 가서 법학을 공부했습니다.

전형필이 방학을 맞아 잠시 귀국을 했을 때, 아는 사람의 소개로 오세창을 만났습니다. 오세창은 민족 대표 33인 가운데 한 명이었으며, 당시 조선 서화계에서 유명한 사람이었습니다. 그는 나이가 많았음에도, 조선 서화가들에 대한 기록을 모아 책을 쓰고 있던 중이었어요. 그 모습을 본 전형필이 감탄하며 물었습니다.

"정말 놀랍습니다. 옛 자료들을 수집하고 글을 쓰는 것이 굉장히 힘들 텐데 왜 이 일을 하고 계신 거지요?"

그 말을 들은 오세창이 당당하게 대답했습니다.

"내가 하는 것은 문화를 지키는 일일세. 우리 민족정신이 깃들어 있는 문화유산을 보존해야 우리나라를 지킬 수 있어. 그래서 내가 이렇게 나이가 들어서도 일을 하는 것일세."

"정말 대단하십니다. 하지만 이런 일은 쓸데없다고 생각하는 사람이 주변에

많습니다. 우리 조선이 언제 독립할지 모른다고 절망하는 사람도 있고요."

전형필이 한숨을 쉬자 오세창이 그를 토닥이며 말했습니다.

"우리 조선은 꼭 독립할 걸세. 문화 수준이 높은 나라가 문화 수준이 낮은 나라에게 영원히 정복당한 역사는 없네. 그것이 바로 '문화의 힘'일세. 그 사실을 알기 때문에 일제가 우리의 문화 유적을 자기네 나라로 가져가려는 것이네."

"그러면 우리는 그것을 막아야지요!"

"그래, 당연히 막아야지. 그러기 위해서는 우리 문화유산의 소중함을 알아보는 눈을 길러야 하고, 그에 따라 많은 공부도 해야 한다네."

"그렇군요. 제게 문화유산의 가치를 판단하는 방법을 알려 주실 수 있으신가요?"

"당연히 도와줄 수 있지."

전형필은 그날 이후 오세창을 스승으로 모시고 문화유산에 대해 공부를 하기 시작했습니다. 그리고 서화와 골동품 수집에 관심을 가졌지요.

전형필은 대학교를 졸업한 뒤, 귀국했습니다. 그는 아버지가 세상을 떠나면서 물려준 재산을 상속받았습니다. 8백만 평이 넘는 논이라서 해마다 2만 석의 쌀을 수확할 수 있을 정도였습니다. 전형필은 이 돈 중 일부를 써서 '한남 서림'이라는 서점을 열었어요. 그리고 조선 시대를 대표했던 사람들의 책, 그림 등을 사 모으기 시작했습니다. 보관해야 할 문화유산이 점점 많아지자, 전형필은 만 평이 넘는 땅과 양옥집을 샀습니다. 또한 서울 한복판에 '보화각'이라는 미술관을 세우기도 했습니다. 전형필은 전국 각지와 일본을 돌아다니며, 우리나라의 문화유산들을 사들였습니다. 그러던 어느 날, 문학을 가르치는 김태준 교수가 전형필을 찾아왔습니다.

"이보시오. 내 제자 중 한 명이『훈민정음』해례본을 가보로 갖고 있소.『훈민정음』은 언해본과 해례본이 있다는 거 알고 있지요? 한글을 만든 이유와 한글 사용법이 설명된 언해본은 다른 책에도 실려 있소. 하지만 한글 창제 원리가 담긴 해례본은 여태까지 아무에게도 알려지지 않았소."

전형필은 깜짝 놀랐어요.

"그 귀한『훈민정음』해례본을 갖고 있다고요?"

『훈민정음』은 세종대왕이 우리 글자를 만들고 반포할 때 쓴 책입니다. 그중 해례본이 경북 안동에서 발견된 것이었지요. 그런데 하필 발견 시기가 일제 강점기였기 때문에 일제가 그 소식을 알게 되면『훈민정음』해례본을 강제로 빼앗아 갈 것이 뻔했습니다. 전형필은 해례본을 사기로 했어요. 그러자 김태준 교수가 책값을 말했습니다.

"『훈민정음』해례본을 갖고 있는 제자가 책값으로 천 원(당시 서울에 기와집을 살 수 있는 돈)을 원합니다."

전형필은 그에게 만 천 원을 주며 말했습니다.

"보물은 보물답게 제값을 치러야 하는 법입니다. 교수님께 소개비로 천 원을 드리겠습니다. 책 주인에게는 책값으로 만 원을 주세요."

그는 『훈민정음』 해례본의 가치를 알고 있었습니다. 전형필은 일제가 이 소식을 알지 못하도록, 광복이 올 때까지 아무에게도 이 거래 내용을 알리지 않았습니다. 그는 이렇게 자신이 수집한 문화유산을 소중히 보살폈어요.

광복 이후 6.25 전쟁 중, 북한군이 문화유산을 가져가려고 한 적도 있었습니다. 전형필은 최순우에게 문화유산을 지켜 달라고 부탁했어요. 그러자 최순우는 꾀를 써서, 문화유산을 포장하고 벗기는 것을 반복하며 시간을 지연시켰습니다. 그 덕분에 남한이 다시 서울을 차지하는 동안 문화유산을 빼앗기지 않을 수 있었습니다. 전형필의 극진한 보살핌 덕분에 우리의 소중한 문화유산들을 지금까지 보존할 수 있었답니다.

자세히 알아보자
보살핌

보살핌은 정성을 기울여 보호하고 돕는 것을 뜻합니다.

전형필은 우리나라의 중요한 문화유산이 일본인에게 넘어가는 것을 막기 위해 막대한 재산을 들여서 문화유산을 샀습니다. 그리고 이러한 문화유산을 효율적으로 보존하고, 우리나라 사람들이 언제든지 볼 수 있도록 보화각(간송 미술관)을 세웠습니다. 그의 보살핌 덕분에 우리나라 문화유산을 지킬 수 있었어요.

우리가 보살필 수 있는 대상은 동물, 물건, 사람 등 다양합니다. 사람에게 버림받은 유기견을 보살필 수도 있고, 괴롭힘을 받는 친구를 보살필 수도 있고, 파괴된 숲에 나무를 심어 자연을 보살필 수도 있습니다. 보살핌을 실천하는 것은 그리 어려운 일이 아닙니다. 관심을 갖고 조그마한 도움을 꾸준히 준다면 상대에게는 큰 보살핌이 될 수 있습니다. 여러분들도 자신이 소중히 여기는 대상을 보살필 줄 아는 사람이 되었으면 좋겠습니다.

5학년 2학기 사회 2단원

    영조는 항상 신하들과 직접 소통을 하며, 어떻게 해야 백성들이 잘살 수 있을지 고민한 왕이었습니다.

    옛날 조선에는 16세부터 60세까지 양인 남자는 모두 군대에 가야 할 의무가 있었습니다. 이를 군역이라고 불렀는데, 양반과 노비는 군대에 가지 않아도 되었습니다. 반면에 농민 같은 일반 백성들은 꼭 가야만 했지요. 그런데 농업 중심의 사회였던 조선 시대에, 남자 한 명이 군대를 가면 집안에 일손이 부족해지는 문제가 생겼습니다. 그래서 대부분의 백성들이 1년에 2필의 옷감을 국가에 내며 군대를 빠졌습니다. 이러한 세금을 '군포'라고 불렀어요. 그런데 이것을 내는 것도 백성들에게는 무척 버거웠습니다.

    이러한 어려움을 알았던 영조는 백성들의 부담을 줄여 주고 싶었습니다. 그래서 군포에 대한 백성들의 생각을 직접 들어 보기로 했습니다. 그는 신하들에게 명령을 내렸어요.

    "백성들을 창경궁 홍화문에 초대하도록 하라."

    영조는 백성들을 직접 만나 이야기를 나누었습니다.

    "지금 이 자리는 백성을 위한 세금 정책을 논의하는 자리다. 그러니 거리낌

없이 마음속에 있는 말을 다 하도록 하라."

"전하, 지금 내는 세금이 너무 많아서 먹고살기 무척 힘듭니다."

"저도 같은 생각입니다, 전하!"

영조는 백성들의 고충을 듣고 난 뒤, 세금을 적게 걷기로 결심했습니다.

"세금 문제로 인한 백성의 고통을 더 이상 볼 수 없다. 균역법을 실시하라."

영조는 군포를 1년에 1필의 옷감만 내는 것으로 법을 바꾸었습니다. 이 균역법 덕분에 백성들의 세금 부담이 많이 줄어들었습니다.

조선 후기가 되자 상업이 발달하면서 농촌 인구가 도시로 집중되기 시작했습니다. 청계천 주변에는 가난한 백성들이 살았습니다. 여름에 홍수가 일어나면, 하천에 있던 흙이 사람들 사는 곳까지 밀려와 많은 피해를 끼쳤습니다. 이를 본 영조는 청계천 주변을 공사해서 홍수를 막고, 일자리를 만들고자 하였습니다. 그는 이 공사를 하기 전, 백성들의 의견을 듣기로 했어요. 영조는 직접 광통교에 간 뒤, 주변에 사는 백성들에게 질문을 했습니다.

"이 하천 주변을 고치는 공사를 하려고 하는데, 그대는 어떻게 생각하는가?"

"전하, 비가 내려 물이 범람할 때마다 많은 사람들이 피해를 겪고 있습니다. 저희 백성들을 위해 전하께서 공사를 진행해 주시겠다니 성은이 망극하옵니다."

영조는 이 공사와 관련하여 백성들뿐만 아니라 신하들의 의견도 들어 보았습니다.

　"얼마 전 짐이 하천에 가 보았다. 다리를 보니 작년에 비해 쓸려 온 흙이 많아 막힌 부분이 많이 있었다. 홍수가 나면 그 물이 마을 쪽으로 범람할 텐데 이 부분이 가장 걱정된다."

　그 말을 들은 신하가 말했습니다.

　"전하 말씀이 맞사옵니다. 하천 도랑 주변을 공사하는 것이 매우 시급합니다. 만약 지금 상태에서 홍수가 일어나면 주변 집들은 없어질 것이고, 사람들과 가축들이 물에 휩쓸리는 피해를 입을 것입니다."

　영조는 걱정을 하며 신하들에게 물었습니다.

　"경들은 하천 주변 공사 일을 맡을 수 있겠는가?"

　"최선을 다해 보겠습니다."

　"이 공사를 진행하기 전에 백성들의 의견을 한 번 더 물어보아야겠다."

　"맞사옵니다. 공사를 하는 것이 급한 일이긴 하오나, 만약 백성들의 의견을 묻지 않고 강제로 동원해서 일을 시킨다면 원성이 자자할 것입니다."

　"알겠다. 백성들의 말을 들어 보고 공사를 진행하겠다."

　영조는 백성들의 의견을 듣기 위해 궁궐 밖으로 나갔습니다. 그리고 그 주변에 사는 사람들과 이야기를 나누면서 어떤 부분을 고쳐야 할지 신하들과 구체적으로 계획을 세우기 시작했습니다. 영조는 여러 사람들의 의견을 경청한 뒤, 모두가 만족할 만한 방법을 선택해서 공사 명령을 내렸습니다.

　보통 조선 초기에는 국가적인 공사를 할 때 백성들을 동원하고 돈을 주지 않았습니다. 하지만 영조는 하천 공사를 할 때 일을 한 백성들에게 모두 품삯을 주었습니다. 또한 현장에 직접 찾아가, 공사가 제대로 진행되는지 점검하기도 했습니다. 그는 일을 맡은 신하를 불러서 말했습니다.

　"공사를 하고 나면 청계천이 흙으로 막히는 일이 없어야 한다. 이번에 제대로 공사를 하고 나면 몇 년 동안 홍수를 막을 수 있겠는가?"

"아마 백 년간은 홍수를 막을 수 있을 것입니다."

영조는 재위 기간 내내 청계천 공사에 신경을 썼습니다. 신하들, 백성들과 최대한 소통하면서 그들의 의견을 경청한 덕택에 공사를 성공적으로 마칠 수 있었습니다.

영조의 이런 자세 덕분에 백성들은 더욱 나은 삶을 살 수 있었답니다.

자세히 알아보자
경청

경청은 귀를 기울여 상대의 말을 듣는 자세를 뜻합니다.

영조는 자신이 마음대로 나라의 중대한 사항을 결정할 수 있는 권한을 가진 왕이었지만, 독단적으로 행동하지 않았습니다. 그는 백성들의 의견을 직접 경청하며, 더 나은 결정을 하기 위해 노력했습니다. 그 결과 당시 많은 백성들이 풍요롭게 살 수 있었지요.

학교는 여러 사람이 활동하는 공동체 공간입니다. 여러 사람과 함께하면서 다른 사람의 의견을 듣고 내 생각을 표현할 경우가 많습니다. 이때 우리에게 가장 필요한 자세는 경청하는 자세입니다. 이런 태도는 상대의 입장과 생각을 헤아리고 이해하는 데 도움을 줍니다. 서로의 의견을 경청하고 의견을 수집하면 모두가 어느 정도 만족할 수 있는 결과를 얻을 수 있을 것입니다. 독단적인 판단이나 결정은 다른 사람과의 큰 갈등을 불러올 수 있으니 항상 경청하는 자세를 길러야 합니다.

늦은 나이까지 계속 공부했던 김득신

5학년 2학기 국어 5단원

김득신이 어렸을 때 있었던 일입니다.

"아이고! 우리 아들 몸이 불처럼 뜨거워요!"

김득신의 어머니가 다급하게 말했습니다. 김득신의 아버지는 깜짝 놀랐어요.

"그게 정말이오?"

아들의 이마에 손을 대 보니 정말 불처럼 뜨거웠어요.

"어서 의원을 부릅시다!"

"네, 알겠어요!"

아버지는 아들을 치료하기 위해 애를 썼습니다. 약을 먹이고 침을 놓았지만, 아이의 상태는 나아질 기미가 보이지 않았습니다. 주변 사람들 모두 김득신이 죽을까 봐 걱정을 했어요. 의원이 며칠 동안 계속 진료를 한 뒤에야, 김득신은 겨우 회복할 수 있었습니다.

"이런 병을 앓고도 살아나다니! 정말 기적이오."

의원이 안도의 한숨을 내쉬었습니다.

"의원님, 제 아들을 살려 주셔서 감사합니다!"

"아마 큰 병을 앓아서 후유증이 꽤 클 것입니다."

"살아난 것만으로도 기쁜 일입니다."

김득신은 큰 병을 앓고 난 뒤부터 다른 친구들에 비해 글을 외우는 속도가 느려졌습니다. 또래 아이들이 쉽게 기억하는 것을 하나도 기억하지 못했지요. 김득신은 열 살이 되어서야 글을 겨우 깨우쳤습니다. 하지만 기억력이 무척 나빠서 시간이 조금만 흐르면 배운 것을 모두 잊어버렸어요. 자주 읽던 책의 첫 단락은 겨우 26글자였습니다. 김득신은 이것을 4일 동안이나 공부했는데 아무것도 기억하지 못했어요. 김득신의 아버지는 포기하지 않고 아들에게 계속 공부를 가르쳤습니다. 그 모습을 보다 못한 친구가 혀를 끌끌 차며 말했습니다.

"자네 아들에 대해 이런 말을 해서 미안하지만, 어떻게 저런 바보가 있나? 그냥 포기하게. 공부보다는 다른 길을 찾는 게 좋겠어."

하지만 아버지는 그 말을 따르지 않았습니다.

"나는 저 아이가 저리 부족한데도 공부를 포기하지 않으니 오히려 대견스럽네. 대기만성이라는 말이 있지 않은가? 큰 사람이 되기 위해서는 많은 노력과 시간이 필요하네."

김득신은 아버지의 격려를 받으며 꾸준히 공부했습니다. 하지만 머리가 나쁘다 보니 좌절할 때가 많았어요.

"아버지, 제가 어제 본 것도 기억하기 어렵습니다. 왜 이런 것일까요? 정말 힘듭니다. 다른 친구들은 금방 배우던데……. 이래 가지고서는 벼슬을 얻을 수나 있을까요?"

그때마다 아버지는 아들을 격려했습니다.

"학문의 성취가 늦다고 해서 성공하지 말란 법이 없다. 그저 읽고 또 읽으면 반드시 좋은 결과를 얻을 수 있을 것이다. 그러니 공부를 게을리하지 말고 꾸준히 책을 보거라."

"아버지 말씀대로 책을 계속 읽다 보면 언젠가는 기억할 수 있겠지요?"

"그래, 열심히 읽다 보면 반드시 외울 수 있을 것이다."

김득신은 아버지의 조언을 따랐습니다. 당장 외워지지 않더라도 책을 잡으면 수없이 되풀이해 읽었습니다. 그렇게 노력한 덕분에 스무 살이 되었을 때 처음으로 글을 지을 수 있었습니다.

그는 책을 고르면 수천 번 이상 읽었습니다. 특히 사마천이 쓴 『사기열전』 책에서 「백이전」 부분은 11만 3천 번이나 읽었어요. 하지만 과거 시험을 보면 번번이 떨어졌습니다.

"아버지, 죄송합니다. 또 낙방했습니다. 부끄럽네요."

"괜찮다, 시험에 떨어지더라도 실망하지 말고 예순까지 도전해 보거라. 그러면 언젠가는 될 것이다."

"네, 알겠습니다."

김득신은 몇십 년 동안 계속 책을 읽고 공부했어요. 다른 사람들이 비웃었지만 쉽게 포기하지 않고 자신만의 노력을 이어 나갔습니다. 그렇게 지속한 덕분에 김득신은 59세의 나이에 시험을 합격할 수 있었습니다. 남들보다 늦었지만 자신의 꿈을 이루었기 때문에 행복했습니다.

김득신은 그 뒤 훌륭한 시를 많이 쓰며, 당시 사람들에게 최고의 시인으로 손꼽히게 되었습니다.

자세히 알아보자
지속성

지속성은 어떤 상태를 꾸준히 유지하는 것을 뜻합니다.

김득신은 늦은 나이에 글을 깨우쳤습니다. 머리가 나빠서 남들보다 지식을 습득하는 속도가 느렸습니다. 하지만 그는 포기하지 않고 꾸준히 책을 읽었습니다. 그리고 늦은 나이에 과거에 급제하며 원하던 꿈을 이루게 되었지요. 쉽게 포기하지 않고 지속성을 유지한 덕분에 마침내 성공할 수 있었던 것입니다.

우리가 무언가를 할 때 질리거나, 잘 안 된다는 이유로 금방 포기하는 경우를 주변에서 많이 볼 수 있습니다. 이렇게 지속성 없이 금방 그만둔다면 자신이 맡은 일에서 성공을 거두기 힘듭니다. 그 일이 공부이든, 기술을 배우는 것이든, 운동을 하는 것이든 모두 마찬가지입니다. 무언가를 할 때 꾸준히 해야 성공할 가능성이 큽니다. 이러한 과정 중에 실패를 할 수도 있지만 설령 그렇다 하더라도 많은 것을 배울 수 있지요. 그러므로 우리는 지속성을 갖고 끊임없이 노력해야 합니다.

# 더 알아보자

내용 확인하기

※ 다음은 『위인들에게 배우는 어린이 인성 교육』의 내용을 확인하는 문제입니다.
문제를 풀어 보면서 여러분들이 이야기를 바르게 이해했는지 확인해 봅시다.

1. O, X 퀴즈를 풀어 보며 읽은 내용을 확인해 봅시다.

① 헬렌 켈러는 푸른곰팡이가 포도상구균을 없앤다는 것을 발견했습니다. (O / X)
② 강감찬은 자신감을 갖고 거란군과 맞서 싸워 승리를 거두었습니다. (O / X)
③ 가우디는 뛰어난 실천력으로 아름다운 음악을 만들었습니다. (O / X)
④ 베토벤은 자신의 스승을 용서하는 관용을 베풀었습니다. (O / X)
⑤ 안중근은 평화를 지키기 위해 일본군 포로들을 처형했습니다. (O / X)
⑥ 윤동주는 자신의 결정을 확신하고, 사람들에게 감동을 주는 시를 썼습니다. (O / X)
⑦ 신사임당은 용기를 내서 독립운동에 참여했습니다. (O / X)
⑧ 마이클 패러데이는 자신의 과학적 성과를 드러내며 다른 사람을 무시했습니다. (O / X)
⑨ 허준이 성실하게 『동의보감』을 만든 덕분에 사람들이 많은 도움을 받았습니다. (O / X)
⑩ 테레사 수녀는 교황이 준 자동차를 몰고 다니며 먼 곳까지 봉사를 다녔습니다. (O / X)

2. 인성과 관련된 단어와 그 뜻을 알맞게 이어 봅시다.

① 용기 •   • ㉠ 거짓 없이 바르고 곧은 행동을 하는 것

② 평등 •   • ㉡ 무언가를 위해 몸과 마음을 바치는 것

③ 정직 •   • ㉢ 상대를 도와주거나 보살피려고 마음 쓰는 것

④ 배려 •   • ㉣ 두려운 상황을 극복하기 위해 힘을 내는 것

⑤ 헌신 •   • ㉤ 권리, 의무, 자격 등이 차별 없이 고르고 한결같은 것

나만의 인성 사전 만들기

1. 『위인들에게 배우는 어린이 인성 교육』에서 다뤘던 인성 요소들입니다.

> 공감, 정직, 솔선, 갈등 관리, 효, 자주, 헌신, 긍정, 도전, 용기, 사랑,
> 배려, 확신, 끈기, 평화, 믿음, 포용, 양심, 강직, 친절, 정의,
> 청렴, 성실, 반성, 인내, 협력, 평등, 예절, 책임감, 겸손, 공정, 생명 존중,
> 자신감, 자존감, 실천, 관용, 신중, 우애, 소통, 모범, 나눔,
> 절제, 적극성, 근면, 리더십, 진정성, 희망, 보살핌, 경청, 지속성

2. 위인들의 책을 읽고 인성 요소들에 대한 여러분들만의 정의를 내려 봅시다.

내가 선택한 인성 요소	예) 우애
나만의 인성 사전	예) 우애란 동생과 내가 좋아하는 과자를 나눠 먹다가 마지막 한 조각이 남았을 때 동생에게 양보하는 것.

내가 선택한 인성 요소	
나만의 인성 사전	

내가 선택한 인성 요소	
나만의 인성 사전	

내가 선택한 인성 요소	
나만의 인성 사전	

더 알아보자

책 속 위인들에게 편지 쓰기

1. 다음은 『위인들에게 배우는 어린이 인성 교육』에서 나온 위인입니다.

> 헬렌 켈러, 간디, 안창호, 서희, 정조, 김정호, 유관순, 방정환, 장영실, 윤희순, 세종대왕, 신사임당, 윤동주, 권기옥, 안중근, 선덕 여왕, 왕건, 이황, 정몽주, 테레사 수녀, 정약용, 최영, 허준, 주시경, 김구, 광개토 대왕, 링컨, 공자, 노벨, 마이클 패러데이, 마틴 루서 킹, 슈바이처, 강감찬, 피카소, 가우디, 베토벤, 플레밍, 고흐, 박지원, 이순신, 김만덕, 앤드류 카네기, 공병우, 김홍도, 권율, 남자현, 윌마 루돌프, 전형필, 영조, 김득신

2. 위인들 중에서 한 사람을 선택해서 편지를 써 봅시다.

> Tip》 이런 내용을 편지에 쓸 수 있어요
> - 궁금한 내용, 인상 깊었던 내용, 전하고 싶은 말, 닮고 싶은 점, 배우고 싶은 점, 인성 요소와 관련된 나의 경험 및 감정, 나만의 생각 및 감정 등

(   ) 님께

_____
_____
_____
_____
_____
_____
_____
_____
_____
_____
_____
_____
_____

인성 롤 모델 찾기

※ 『위인들에게 배우는 어린이 인성 교육』에서는 다양한 위인들이 나옵니다. 위인들 중에서 내가 가장 배우고 싶은 인성의 롤 모델을 찾아봅시다.

나의 인성 롤 모델

인성 롤 모델로 정한 이유

어떤 점이 닮고 싶은지 구체적으로 써 봅시다.

롤 모델을 닮기 위해 내가 할 수 있는 인성 실천 방법을 생각해 봅시다.

위인이 되어 가상 일기 쓰기

※ 『위인들에게 배우는 어린이 인성 교육』에서는 여러 위인들의 일화가 담겨 있습니다. 여러분들이 그 위인이었다면 하루가 어땠을까요? 위인이 되었다고 가정하고 그림일기를 써 봅시다.

내가 고른 인성 이야기: 【   】

제목: 날씨:

나의 인성 요소 짚어 보기

※ 『위인들에게 배우는 어린이 인성 교육』에서는 여러분들이 갖추어야 할 여러 가지 인성 요소 50가지를 살펴보았습니다. 여러분들이 갖고 있는 인성 요소, 필요한 인성 요소를 생각해 본 뒤 부족한 인성 요소를 기를 수 있는 방법을 글로 써 봅시다.

인성 요소

공감, 정직, 솔선, 갈등 관리, 효, 자주, 헌신, 긍정, 도전, 용기, 사랑, 배려, 확신, 끈기, 평화, 믿음, 포용, 양심, 강직, 친절, 정의, 청렴, 성실, 반성, 인내, 협력, 평등, 예절, 책임감, 겸손, 공정, 생명 존중, 자신감, 자존감, 실천, 관용, 신중, 우애, 소통, 모범, 나눔, 절제, 적극성, 근면, 리더십, 진정성, 희망, 보살핌, 경청, 지속성

내가 가진 인성 요소

나에게 필요한 인성 요소

그렇게 생각한 이유

인성 요소를 기를 수 있는 방법 생각해 보기

더 알아보자

가상의 인성 위인전 써 보기

※ 『위인들에게 배우는 어린이 인성 교육』에 나오는 위인들처럼 여러분도
훌륭한 인성을 갖춘 사람으로 성장할 수 있습니다.
여러분들이 위인이 되었다고 가정하고 여러분들의 위인전을 직접 써 봅시다.

【   】의 【   】이야기

가상 인터뷰 하기

※ 『위인들에게 배우는 어린이 인성 교육』에 나오는 위인들을 실제로 만난다면 어떤 이야기를 나누고 싶나요? 여러분들이 직접 기자가 되어 위인을 직접 만났다고 가정하여 봅시다. 인터뷰에서 어떤 질문을 하고 위인이 어떤 대답을 할지 예상해서 써 보세요.

예) 위인 【　헬렌 켈러　】와의 인터뷰	
기자 질문	토미라는 아이의 상황을 알게 되었을 때 어떤 생각이 들었나요?
【 헬렌 켈러 】 대답	저와 같은 상황에 처해 있는 것 같아 마음이 아팠습니다. 그 아이의 입장을 충분히 공감할 수 있었기에 도움을 줄 수 있는 방법을 최대한 찾아서 도와주고 싶었습니다.

예) 위인 【　　　　　】와의 인터뷰	
기자 질문	
【　　　】 대답	

예) 위인 【　　　　　】와의 인터뷰	
기자 질문	
【　　　】 대답	

예) 위인 【　　　　　】와의 인터뷰	
기자 질문	
【　　　】 대답	

더 알아보자

주변 사람들에게 배우는 인성

※ 『위인들에게 배우는 어린이 인성 교육』에서 위인들의 일화를 살펴보면서 인성 요소에 대해 배웠습니다. 교과서에 나오는 위인들뿐만 아니라 우리 주변에 있는 사람들에게도 배울 점이 많습니다. 주변에 있는 사람과 있었던 일을 생각해 보면서 어떤 인성 요소를 배우면 좋을지 글로 써 봅시다.

예) 배울 점이 있는 사람: 선생님	배울 점이 있는 사람:
▶ 있었던 일: 수학 시간에 모르는 문제를 선생님께 여쭤보았습니다. 그런데도 이해가 안 되어서 점심시간에 다시 여쭤보았는데 선생님께서 친절하게 설명해 주셨습니다.	▶ 있었던 일:
배울 수 있는 인성: 친절	배울 수 있는 인성:
배울 점이 있는 사람:	배울 점이 있는 사람:
▶ 있었던 일:	▶ 있었던 일:
배울 수 있는 인성:	배울 수 있는 인성:
배울 점이 있는 사람:	배울 점이 있는 사람:
▶ 있었던 일:	▶ 있었던 일:
배울 수 있는 인성:	배울 수 있는 인성:

내용 확인하기 238쪽	1. ① X │ ② O │ ③ X (건축물을 만들었습니다.) │ ④ O │ ⑤ X (포로들을 풀어주었습니다.) ⑥ O ⑦ X (배려를 하며 다른 사람을 도와주었습니다.) │ ⑧ X (겸손했습니다.) │ ⑨ O ⑩ X (자동차를 팔고 난 돈으로 다른 사람을 도왔습니다.) 2. ①-ㄹ, ②-ㅁ, ③-ㄱ, ④-ㄷ, ⑤-ㄴ
나만의 인성 사전 만들기 239쪽	(예) 내가 선택한 인성 요소: 겸손 (예) 나만의 인성 사전: 겸손이란 상장을 받아도 잘난 척을 하지 않고, 다음에 더 노력하겠다고 말하는 것.
책 속 위인들에게 편지 쓰기 240쪽	(예) (안중근) 선생님께 안녕하세요? 저는 OOO입니다. 안중근 선생님께서 포로인 일본군을 살려 주었을 때 큰 충격을 받았습니다. 적군을 당연히 처형할 것이라고 생각했거든요. 그런데 평화를 위해 국제법에 따라 적군 포로까지 살려 주는 것을 보고 정말 대단하다고 생각했습니다. 저도 안중근 선생님처럼 평화를 위해 노력하는 사람이 되고 싶습니다.
인성 롤 모델 찾기 241쪽	(예) – 나의 인성 롤 모델: 노벨 – 인생 롤 모델로 정한 이유: 책임감을 기르고 싶어서 – 어떤 점이 닮고 싶은지 구체적으로 써 봅시다. : 노벨이 다이너마이트를 만든 뒤, 자신이 한 일에 책임감을 갖는 모습을 보면서 감동을 받았습니다. 저는 평상시 학교에서 제가 맡은 청소 구역을 대충 청소했습니다. 그리고 수업을 잘 듣지도 않았지요. 앞으로 노벨처럼 학생으로서의 제 역할에 충실하고, 책임감을 갖고 싶습니다.
위인이 되어 가상 일기 쓰기 242쪽	(예) 내가 고른 인성 이야기: 적까지 포용한 왕건 (예) 제목: 견훤이 항복하러 왔다. 오늘 후백제의 견훤이 내게 항복하러 왔다. 아들 신검의 배신 때문에 왔다고 들었다. 지난 후백제와의 전투 때 내 부하들을 잃은 것이 생각났다. 그때만 생각하면 슬프고 화가 난다. 하지만 이미 다 지나간 일로 견훤을 처형하고 싶지 않다. 후백제를 공격하기 위해서는 그의 도움이 절실하다. 그러니 안 좋았던 기억은 덮어 두고 그를 용서 해야겠다.
나의 인성 요소 짚어 보기 243쪽	(예) – 내가 가진 인성 요소: 끈기 – 나에게 필요한 인성 요소: 준법정신 – 그렇게 생각한 이유: 무단횡단을 하거나, 길거리에 쓰레기를 함부로 버린 적이 있어서 제게 준법정신이 필요하다고 생각했습니다. – 인성 요소를 기를 수 있는 방법 생각해 보기: 학급 내에 있는 규칙과 학교 안에서 지켜야 할 규칙부터 하나씩 차근차근 지켜 나가는 연습을 하겠습니다.
가상의 인성 위인전 써 보기 243쪽	(예) OO의 나눔 이야기 OO는 열심히 노력해서 큰 부자가 되었습니다. 그는 밥을 먹지 못하고 가난하게 살고 있는 사람들을 위해 돈을 기부했습니다. 또한 주말마다 양로원, 고아원으로 봉사활동을 가서 많은 사람들을 도왔습니다. 그는 나눔을 실천해서 많은 사람들로부터 존경을 받았습니다.
가상 인터뷰 하기 243쪽	(예) – 위인 (정몽주)와의 인터뷰 – 기자 질문: 왜 이방원과 새로운 나라를 세우지 않고 끝까지 고려에 충성을 다했나요? – (정몽주) 대답: 제가 고려사람이기 때문에 나라가 망하는 것을 보고 싶지 않았습니다.
주변 사람들에게 배우는 인성 243쪽	(예) – 배울 점이 있는 사람: 반장 – 있었던 일: 교실에 떨어진 쓰레기를 혼자서 주우며 청소했습니다. – 배울 수 있는 인성: 솔선